CB054642

picapes

CHEVROLET

Copyright © 2017 Alaúde Editorial Ltda.
General Motors Trademarks usado sob licença por Alaúde Editorial Ltda.

Todos os direitos reservados. Nenhuma parte desta edição pode ser utilizada ou reproduzida – em qualquer meio ou forma, seja mecânico ou eletrônico –, nem apropriada ou estocada em sistema de banco de dados sem a expressa autorização da editora.

O texto deste livro foi fixado conforme o acordo ortográfico vigente no Brasil desde 1º de janeiro de 2009.

Preparação: Cássio Yamamura
Revisão: Claudia Vilas Gomes e Cacilda Guerra
Consultoria técnica: Ricardo Caruso
Capa e projeto gráfico: Rodrigo Frazão
Impressão e acabamento: Ipsis Gráfica e Editora S/A

1ª edição, 2017
Impresso no Brasil

2017
Alaúde Editorial Ltda.
Avenida Paulista, 1337, conjunto 11
São Paulo, SP, 01311-200
Tel.: (11) 5572-9474
www.alaude.com.br

Dados Internacionais de Catalogação na Publicação (CIP)
(Câmara Brasileira do Livro, SP, Brasil)

Pagotto, Fábio C.
    Picapes Chevrolet : robustez que conquistou o Brasil / Fábio C. Pagotto, Rogério de Simone. -- São Paulo : Alaúde Editorial, 2017.

    Bibliografia.
    ISBN 978-85-7881-454-0

    1. Automobilismo - História 2. Automóveis - Brasil 3. Chevrolet (Automóvel) - História 4. Picapes (Automóveis) 5. Picapes (Automóveis) - História I. Simone, Rogério de. II. Título.

17-06787   CDD-629.2220981

Índices para catálogo sistemático:
1. Brasil : Picapes : Automóveis : História
            629.2220981

Fábio C. Pagotto
Rogério de Simone

picapes

CHEVROLET

Robustez que conquistou o Brasil

Prefácio
PICAPES CHEVROLET: UMA MEMÓRIA BRASILEIRA

Sem luxo, mas com traços arrojados, sempre guerreiras e prontas para o trabalho, as picapes simbolizam força, dinamismo e robustez.

Por outro lado, para um colecionador, ter uma picape antiga é realizar o sonho de dar um merecido descanso a esses veículos de trabalho. Mesmo conhecendo o seu verdadeiro potencial, muitos não transportam nada nelas e as reservam apenas para passeios no fim de semana. Tenho certeza de que essa é uma das formas de resgatar esses veículos de ferros-velhos por todo o país e salvar um pouco de sua história.

Foi com este objetivo – preservar e divulgar a memória desse grande veículo de trabalho no país – que, há vinte anos, fundei o primeiro clube de picapes antigas do Brasil, que presido até hoje. Neste tempo, realizamos muitas conquistas, e posso afirmar que este livro é mais uma delas por ser o primeiro sobre picapes brasileiras.

Cheio de belas imagens, resgata a trajetória das picapes Chevrolet no país, revelando detalhes importantes sobre os modelos que eram desconhecidos até o momento. Sem dúvida, *Picapes Chevrolet* é uma conquista para todos os fãs do antigomobilismo, com o poder de espalhar ainda mais o nosso amor por esses incríveis veículos.

Almir Garçone
Presidente do Pick-ups Club, o primeiro clube de picapes antigas do Brasil

SUMÁRIO

Introdução 9

Capítulo 1
A primeira picape Chevrolet
e a chegada ao Brasil 10
    As origens 12
    A General Motors do Brasil 15

Capítulo 2
Modelos 3100 antes da nacionalização 26
    Chevrolet 3100 "boca de sapo" (1948–1954) 28
    Chevrolet 3100 "Marta Rocha" (1955–1959) 35

Capítulo 3
A picape brasileira 42
    Chevrolet 3100 Brasil (1959–1963) 44
    Amazona, Alvorada e Corisco 49

Capítulo 4
A linha C 56
    C-14 (1964-1974) 58
    C-10 (1974-1985) 64

Capítulo 5
Novas séries 10/20
Série 10/20 (1985–1997)
Veraneio e Bonanza

Capítulo 6
A última picape grande
Chevrolet Silverado (1997-2002)
GMC 3500 HD, Grand Blazer e Silverado

Capítulo 7
As picapes derivadas
Chevy 500 (1983-1995)
A picape Corsa (1995-2003)
A Chevrolet Montana

Capítulo 8
A picape média
S10
Nem grande nem pequena

Bibliografia
Crédito das imagens
Agradecimentos

INTRODUÇÃO

Desde 1925, a marca Chevrolet oferece ao mercado brasileiro produtos de qualidade, robustos e confiáveis. Inicialmente apenas montando veículos importados que chegavam ao país desmontados, a marca foi conquistando e fidelizando o mercado aos poucos até a nacionalização de seus automóveis no final da década de 1950.

O marco desse início de produção nacional foram as picapes "Chevrolet Brasil", que exibiam com muito orgulho o mapa do Brasil inserido no tradicional logotipo Chevrolet da "gravatinha" azul.

Em um país de dimensões continentais em pleno desenvolvimento, com ainda poucas estradas asfaltadas, foi uma escolha acertada iniciar o quanto antes a produção de um veículo utilitário. Por isso, podemos afirmar que as picapes Chevrolet fazem parte da paisagem e da história do desenvolvimento da nação. Pioneiras nos modelos derivados das picapes com variações como cabine dupla, furgão e wagons para passageiros, foram ainda referência para viaturas policiais e ambulâncias.

Em todos esses anos de história, as picapes Chevrolet sempre se destacaram. Exemplo disso é a S10, o modelo mais vendido na história da categoria. *Picapes Chevrolet* se propõe a contar a evolução dos modelos no Brasil, sendo um importante registro dos utilitários da marca no país.

Boa leitura!

Capítulo 1

A PRIMEIRA PICAPE CHEVROLET E A CHEGADA AO BRASIL

AS ORIGENS

O NASCIMENTO DA GENERAL MOTORS

A história das picapes Chevrolet começa com a própria história da General Motors, hoje um grupo com várias marcas famosas, filiais espalhadas pelo mundo e mais de cem anos de atividade. Evidentemente seria impossível contar em poucas páginas toda a sua trajetória, que, além de longa, marcou presença histórica no século XX. Mas conhecer um pouco de seu incrível passado, principalmente o da filial brasileira, irá ajudar a entender a criação das picapes, personagem principal deste livro.

A General Motors Company (GMC) começou a funcionar no dia 16 de setembro de 1908, em Michigan, nos Estados Unidos. Seu fundador era o próspero empresário William "Billy" Crapo Durant, até então fabricante de caleches (carruagens de quatro rodas e dois assentos). Durant, na época com 40 anos, ambicionava a criação de uma

Em abril de 1915, é construído o Chevrolet 490 de número 5.

grande indústria automotiva. Sua vida como empresário do ramo começara alguns anos antes, em 1904, quando adquiriu a então recém-criada Buick Motor Car Company – empresa fundada por David Buick, um engenheiro que já havia desenvolvido um motor de dois cilindros e sonhava em criar a famosa "carruagem sem cavalos". Durant, que era amigo de Buick, enxergou neste projeto um grande negócio e, ao adquirir a empresa, ajudou a tirá-lo do papel. Dois meses após criação da General Motors, em novembro de 1908, Durant adquiriu a Oldsmobile, que passou a fazer parte da empresa. Mas a GM não pararia por aí: um ano depois, o grupo já detinha as marcas Oakland e Cadillac, dando os primeiros sinais de expansão de uma companhia que logo se tornaria uma gigante mundial.

CHEVROLET – DA SUÍÇA PARA O MUNDO

Nessa mesma época, paralelamente a tudo isso, um homem nascido na Suíça deixava sua terra natal para morar nos Estados Unidos. Era um apaixonado por veículos e mecânica chamado Louis Chevrolet, que trazia suas ideias e seu espírito empreendedor junto na bagagem. Assim que chegou ao novo país foi contratado como piloto de provas na Buick e, em 1909, desenhou e projetou seu primeiro automóvel em sua oficina particular.

Louis logo conheceu Durant e a paixão em comum pelo automóvel fez com que se tornassem grandes

amigos. A partir de 1911, começaram a trabalhar em conjunto num veículo com características totalmente inovadoras para a época: um automóvel com luzes elétricas e partida automática, que ficou pronto depois de três anos de testes. Desenvolvido para concorrer com o Ford T e batizado de Chevrolet 490, este veículo era equipado com motor de quatro cilindros, 2.800 cm^3 e 24 cv de potência, e foi um sucesso de vendas; apenas três anos após seu lançamento já ocupava o quarto lugar em vendas no país. A fábrica da Chevrolet já era uma das maiores dos Estados Unidos e, apesar da amizade de Louis Chevrolet com William C. Durant, ainda operava por conta própria, sem fazer parte do grupo GM. A partir de 1916, devido ao grande crescimento, a General Motors mudou o "sobrenome" de Company para Corporation, e, dois anos depois, a Chevrolet se tornou parte da GMC, dando início a um novo ciclo de crescimento que incluía vendas para outros países.

A PRIMEIRA PICAPE CHEVROLET

No final da década de 1910, notou-se uma grande demanda do consumidor por um veículo mais versátil e capaz de transportar pequenas cargas, já que os automóveis não eram destinados a este fim e os caminhões eram grandes demais para os pequenos agricultores e comerciantes. Tendo isso em vista, a GM separou alguns veículos de passeio da Chevrolet e os reforçou com componentes de transporte de carga; para isso, removeram alguns dos painéis traseiros, substituindo-os por plataformas para acomodar peças e suprimentos. Assim, em setembro de 1917 a partir da plataforma do automóvel 490 foi criada a primeira picape Chevrolet, derivada de um automóvel, diferente de outros veículos comerciais e de carga. Ela foi colocada em serviço dentro da própria empresa: sua tarefa era transportar peças de um lugar para outro nas linhas de montagem. O modelo foi denominado Light Delivery.

A partir de então, picape e carros de passeio passaram a ser produzidos ao mesmo tempo, compartilhando a mesma linha de montagem. O motor de 2,8 litros era o mesmo para os dois veículos, e a capacidade de carga do novo tipo de carro era de 450 kg. A GM fornecia ao comprador apenas o chassi, a mecânica e o painel frontal da carroceria. A cabine e a parte traseira eram fornecidas por empresas especializadas de acordo com a necessidade do cliente (como caçambas de madeira, de ferro, baú etc.).

Picape Chevrolet 1931, que já saía de fábrica com caçamba de metal.

A primeira picape Chevrolet a sair da fábrica já pronta – com a caçamba de madeira instalada pela própria GM – foi lançada em 1930; no ano seguinte, a caçamba passou a ser de ferro. O sucesso da pioneira picape Chevrolet logo chamou a atenção das outras fábricas, não só nos Estados Unidos como no resto do mundo, e nos anos seguintes várias picapes de outras marcas seriam criadas e lançadas no novo e enorme filão de mercado conquistado por esses veículos de grande utilidade e versatilidade.

Durant percebeu que conseguiria exportar grande quantidade de veículos para o exterior e tratou de começar sua expansão; a partir de 1923, a GM iniciou a instalação de fábricas em mais 15 países. Além disso, na mesma época, a empresa adquiriu a inglesa Vauxhall e a alemã Opel.

A GENERAL MOTORS DO BRASIL

UMA APOSTA CALCULADA

Dezessete anos após a sua fundação nos Estados Unidos, e dando continuidade à política da empresa de aproveitar novas oportunidades no exterior, a GM inaugurou sua primeira fábrica no Brasil em 26 de janeiro de 1925, num galpão alugado no bairro do Ipiranga, na cidade de São Paulo. Inicialmente chamada de Companhia Geral de Motores S.A., dois anos depois a empresa mudou o nome para General Motors of Brazil S.A. – utilizando também a sigla "GMB".

O Brasil foi o primeiro país sul-americano a ter uma filial da GM, pois na Argentina, a empresa foi constituída dois meses depois, em março de 1925. A decisão de começar pelo Brasil foi tomada após uma análise extensa por parte dos dirigentes da empresa. Os motivos eram diversos: com 34 milhões de habitantes, o Brasil era o país mais populoso da América do Sul, além de ser uma das economias que mais crescia no mundo, com taxa anual superior a 4%. Outro ponto positivo era que São Paulo, com seus 700.000 habitantes, rapidamente avançava para se tornar o primeiro polo industrial brasileiro – havia um grande esforço do então governador paulista (e futuro presidente da República), Washington Luís, em trazer progresso e desenvolvimento ao Estado, o que incluía a construção de estradas para reduzir os custos de transporte e aproximar os produtores dos centros de consumo.

Outro fato importante pesou na decisão da empresa de fincar raízes no Brasil: a sua maior concorrente da época, a Ford Motor Company, já estava instalada desde 1919 em São Paulo, na Rua Florêncio de Abreu, e fazia sucesso com a venda

Setembro de 1925: saía da linha de montagem o primeiro veículo da GMB, um pequeno Furgão, iniciando assim a história da empresa no Brasil.

de seus produtos, principalmente do lendário Ford modelo T, que já era montado aqui. O sucesso da concorrente no país indicava não apenas que o empreendimento era viável, mas também que era melhor garantir a competitividade da General Motors nesse mercado o quanto antes. Assim, o ano de 1925 também inaugurou no Brasil a clássica rivalidade entre as duas marcas, que até hoje perdura amigavelmente entre os saudosistas como duas torcidas de futebol, mesmo diante da contínua chegada de montadoras dos mais diversos países.

Para o início das atividades aqui, até a escolha do terreno, no bairro do Ipiranga, foi calculada. Foi selecionado um conjunto de galpões vazios, anteriormente utilizados para armazenagem de algodão. Fazendo as devidas reformas, o local poderia ser transformado em uma ampla linha de montagem, e com bom espaço para os escritórios. Além disso, próximo do rio Tamanduateí e da ferrovia Santos-Jundiaí, o bairro era um ponto estratégico para empresas que precisavam transportar maquinários para a fabricação de seus produtos. Assim, a fábrica da GMB poderia contar com a ainda pequena, mas crescente, infraestrutura do "parque industrial" existente no local, pelo menos para o primeiro estágio do empreendimento.

A PRIMEIRA PICAPE CHEVROLET E A CHEGADA AO BRASIL 17

Fachada da fábrica na Avenida Presidente Wilson. Os robustos veículos comerciais Chevrolet rapidamente se tornaram os preferidos para entregas, sendo amplamente usados por grandes empresas.

Assim que foi inaugurado, a atividade inicial do galpão da GMB na Avenida Presidente Wilson era apenas montar veículos da General Motors iguais aos vendidos nos Estados Unidos, num processo chamado CKD ("complete knock-down", ou seja, completamente desmontado), para montagem local e baixo índice de nacionalização. Nove meses após a chegada da empresa ao Brasil, saiu o primeiro veículo da linha de montagem (curiosamente, tratava-se de um pequeno furgão utilitário Chevrolet, e não de um carro de passeio). Seria um prenúncio do sucesso que os veículos comerciais da General Motors fariam futuramente no país? De qualquer forma, como era de esperar, o lançamento foi muito comemorado pela diretoria e pelos operários, marcando um importante primeiro passo nas atividades da empresa no Brasil.

OS PRIMEIROS ANOS

A capacidade inicial de produção era pequena: apenas 25 carros por dia. Desde o começo, a empresa se preocupava em distribuí-los, na medida do possível, em todo o território nacional, e para isso foram inauguradas as primeiras concessionárias GM no Brasil. Essa preocupação tinha uma intenção bem clara: enfrentar a Ford, que em 1924 comercializara 23.750 veículos em todo o país (em 1925 foram 24.500, um recorde para a época). Ciente de seu potencial aqui, pois contava com bons produtos e grande variedade de modelos, desde os mais básicos até os mais luxuosos, a GMC sabia que precisaria se consolidar com presença no território nacional e planejamento sólido.

Um dos alicerces desse planejamento era a adoção do sistema CKD, do qual falamos anteriormente. Ao criar uma filial em um país estrangeiro, a prioridade da GMC era que o veículo tivesse um preço competitivo no novo mercado. No caso do Brasil, o custo do transporte marítimo dos conjuntos desmontados era bem mais baixo do que o de enviar os veículos prontos. Assim, o preço final para o consumidor brasileiro ficava menor, mesmo considerando os custos da mão de obra e do transporte das peças em terra. Com preços competitivos

Em 1926, saíam da linha de montagem carros, caminhões e picapes. A Chevrolet já era a marca da GMB preferida dos brasileiros.

e boas vendas no país da filial, a produção de peças na fábrica matriz poderia inclusive aumentar, reduzindo os custos de produção por peça e gerando benefícios para ambas as partes.

As escolhas estratégicas da GMB logo mostraram resultados: mesmo tendo que concorrer com o Ford T (também apelidado de "Ford Bigode"), a empresa comercializou 5.597 veículos no primeiro ano de atividade, número muito bom para a época. Bem-sucedida em seu início de trajetória por aqui, a marca Chevrolet tornou-se rapidamente um sonho de consumo, principalmente porque os veículos se adaptaram muito bem às condições brasileiras da época – que incluíam ruas esburacadas e estradas que não passavam de picadas no meio da mata.

Considerando os encorajadores números iniciais, a alta procura por veículos e um período de prosperidade econômica brasileira, a empresa decidiu aumentar a sua capacidade de produção, passando para quarenta unidades diárias em 1926. Com isso, foram comercializados 13.527 veículos durante o ano, aumento de mais de 100%. Naquele mesmo ano, a GMB também diversificou a oferta de produtos do grupo no Brasil, lançando carros da Buick, Oldsmobile, Oakland e Cadillac. Mas a marca que mais cativou o público brasileiro foi, sem dúvida, a Chevrolet, que passou a oferecer também caminhões e picapes.

Registro de 1949 que mostra um pequeno caminhão Chevrolet fabricado em 1927 em plena atividade depois de 22 anos de uso, a prova da robustez dos utilitários Chevrolet.

Em 1927 – ano que teve 18.640 carros comercializados pela GMB –, a capacidade de produção aumentou para impressionantes 180 veículos montados por dia. No dia 17 de setembro, a empresa comemorou a montagem do veículo de número 25.000. Naquele mesmo mês, para atender à crescente demanda do mercado, iniciou-se a construção de uma nova fábrica em área de 45.000 m² recém-adquirida em São Caetano do Sul – na época, apenas uma modesta cidade nos arredores de São Paulo, mas que oferecia a vantagem logística de estar ao lado da via férrea que ligava a capital paulista ao porto de Santos. Essa expansão deixava claro: a GMB viera ao Brasil "para ficar". Não se tratava de um ensaio ou experiência, e sim de um empreendimento de longo prazo.

DESVIOS DE CURSO

No início de 1929, a construção da nova e moderna fábrica em São Caetano do Sul seguia acelerada. Em 24 de outubro de 1929, porém, ocorreu a fatídica quebra da bolsa de Nova York, criando a maior crise financeira mundial até aquele momento e interrompendo bruscamente a euforia econômica e social que havia no Brasil. Apesar disso, em 1930, a GMB começou a importar da matriz americana os famosos refrigeradores Frigidaire, sonho de consumo das donas de casa da época (que continuou fazendo sucesso nas décadas seguintes). Naquele mesmo ano, no dia 12 de agosto, a empresa inaugurou oficialmente as novas instalações em São Caetano do Sul (que, modernizadas, existem até hoje).

Propaganda da Chevrolet em 1928.

A GMB crescia a passos largos, e, em dezembro de 1928, seus orgulhosos funcionários posavam para a foto junto ao veículo 50.000.

Em 1936, a produção da GMB estava agitada, com destaque para a linha comercial, cuja aceitação do público sempre garantiu a atenção da empresa.

Diante de uma nova fase da empresa no Brasil, era o momento de procurar outras oportunidades de negócio, e a GMB encontrou uma demanda promissora no ramo do transporte coletivo urbano, ao avaliar que a maioria da população ainda não possuía automóvel e o número de ônibus circulando nas cidades era insuficiente. Começou em 1933 a fabricação de carrocerias nacionais de ônibus sobre chassi e motor Chevrolet importados. O primeiro ônibus saiu da fábrica de São Caetano do Sul em 1934. A carroceria de madeira era de excelente qualidade, e foi tão bem-aceita pelo mercado que levou a GMB a comercializar as excedentes, sem o chassi. Mesmo assim, a montagem de automóveis, caminhões e picapes seguia sem interrupções, com modelos cada vez mais modernos vindos em CKD dos Estados Unidos.

A partir de 1934, com a crise ficando para trás, a GMB retomou seu ritmo de crescimento, auxiliada pelo progresso acelerado do Brasil e pelo fortalecimento da GMC, que naquele momento já era uma das maiores organizações da indústria automotiva mundial. As vendas de carros, ônibus, caminhões, pequenos utilitários, peças, acessórios e geladeiras cresciam com regularidade, e a produção de carrocerias comerciais passava por um momento ainda melhor: a GMB havia se tornado a maior fornecedora no segmento, posição que manteve durante vários anos. No ano de 1936, na linha de montagem de São Caetano do Sul, mais um marco histórico foi comemorado com a produção do veículo brasileiro de número 100.000 – um bom marco, considerando todas as dificuldades causadas pela crise de 1929.

No entanto, outro desafio se aproximava. Em setembro de 1939 eclodiu a Segunda Guerra Mundial (que durou até 1945), mais uma crise internacional que mudou o rumo da empresa. Durante os três primeiros anos do conflito, o cenário manteve-se indefinido, pois os Estados Unidos ainda não haviam se envolvido diretamente na guerra, apesar de ajudarem seus aliados europeus. Isso mudou em 1941, quando aquele país entrou definitivamente na batalha. A partir de então, a GMC, assim como a maioria das outras grandes indústrias, foi posta sob virtual controle militar, fazendo com que a maior parte da produção fosse mobilizada para esforços de guerra: veículos militares, armas etc.

No Brasil, o cenário dessa época não era muito diferente, principalmente após a criação da Força Expedicionária Brasileira (FEB), em 1941. A GMB, assim como outras empresas brasileiras, também foi mobilizada pelo governo de modo a priorizar as necessidades militares em relação aos interesses comerciais. Durante o período bélico, além de produzir veículos militares para as Forças Armadas brasileiras – como cami-

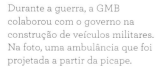

Durante a guerra, a GMB colaborou com o governo na construção de veículos militares. Na foto, uma ambulância que foi projetada a partir da picape.

Durante a Segunda Guerra Mundial, a GMC lançou a nova linha comercial em 1941, que seria montada no Brasil a partir de 1945.

Apesar do cenário pouco favorável, a picape Chevrolet ganhou nos Estados Unidos em 1941 uma reestilização, passando a ter grade maior e mais vistosa e faróis mais integrados aos para-lamas – tendência estilística que se intensificaria com o passar dos anos. Essa nova picape era um pouco maior que a anterior em 3,8 cm e tinha 5 cv a mais de potência, apesar de o motor continuar com a mesma cilindrada. Muitas desse modelo foram montadas no Brasil no período pós-guerra.

A GMB também fazia esforços para atender de alguma forma o mercado local. Nesse período, conseguiu vender aproximadamente 2.000 unidades de veículos movidos a gasogênio para o público civil – número baixo, mas que estava dentro do possível, já que a prioridade eram os veículos militares. Em 1941, comemorou-se a montagem do veículo de número 150.000 da GMB, e em 1942 iniciou-se na fábrica de São Caetano do Sul a produção das baterias Etna e de molas semielípticas para diversos modelos de caminhões e utilitários.

nhões de transporte de tropas e materiais, ambulâncias, recipientes para transporte de gasolina e reboques de duas rodas para canhões –, a GMB também fabricava artigos que eram de grande necessidade diante da escassez da época e do intenso racionamento governamental: molas para locomotivas, poltronas de vagões ferroviários e aparelhos de gasogênio que eram utilizados em automóveis e caminhões, incluindo veículos usados na guerra.

PICAPES CHEVROLET: CEM ANOS DE HISTÓRIA

Muita coisa aconteceu no mundo das picapes Chevrolet nesses cem anos de existência. Foram diversas carrocerias, chassis, plataformas e motorizações utilizadas, sem contar a evolução e introdução de tecnologias em aspectos como design, segurança, desempenho e consumo de combustível. Tudo isso fruto de muito trabalho e investimento da General Motors.

No início, a história das picapes Chevrolet no Brasil seguia as mesmas características da matriz americana, mas, com o tempo, a filial brasileira obteve autonomia para criar e desenvolver produtos específicos para atender às particularidades do nosso país.

O panorama americano era diferente, fruto de uma economia mais desenvolvida e cultura automobilística consolidada.

Enquanto por aqui ocorria o lançamento da Chevrolet Brasil, em 1958 os americanos receberam o novo modelo da 3100, evolução da linha 1955/57 – conhecida por aqui como Marta Rocha –, denominada Chevrolet Apache, com linhas fortes e imponentes. Um ano depois, em 1959, foi lançado um modelo de picape derivado de veículo de passeio: a Chevrolet El Camino, que possuía design elegante, era na realidade um automóvel com caçamba –

Chevrolet El Camino 1960.

ou seja, até a coluna "B" era igual aos modelos da linha Chevrolet de passeio "full size", como Biscaine ou Impala. Esse modelo foi desenvolvido para concorrer com a Ford Ranchero, lançada dois anos antes. O modelo fez muito sucesso e, por isso, a partir de 1964 características semelhantes foram adotadas nas carrocerias do Chevelle Malibu (veículo um pouco menor, de tamanho *mid size*) e, já nos anos 1980, na do Chevrolet Monte Carlo. As picapes El Camino utilizavam as mesmas motorizações dos automóveis, desde os motores de seis cilindros até os musculosos e potentes Big Block, inclusive na versão SS 396 do Chevelle.

Mas outra característica dos americanos foi sempre o gosto por veículos potentes. Como o consumo de combustível não era problema, as picapes passaram a oferecer os motores de oito cilindros em "V" a partir de 1955, na série Advanced Design, que nunca chegou ao Brasil.

A linha C americana foi lançada em 1960 e sofreu reestilização em 1967 e depois em 1974. Todos os modelos eram diferentes dos brasileiros e sempre tinham opção de potentes motores V8, equipados com câmbio automático, direção hidráulica, ar-condicionado, vidros e travas elétricas e acabamentos mais luxuosos. Muitas dessas inovações só foram chegar ao Brasil alguns anos mais tarde – a opção com câmbio automático, por exemplo, foi lançada por aqui pela primeira vez na Chevy.

Em 1988, depois de mais de uma década desde a reestilização de 1974, uma nova carroceria, ainda maior, foi apresentada para a linha C, que ganhou o nome de Silverado. Era praticamente o mesmo modelo que seria fabricado na Argentina e vendido no Brasil quase dez anos depois, em 1997, mas o veículo que circulava na América do Sul era sempre equipado com motor do Chevrolet Opala 4100 cc e câmbio mecânico. Nos Estados Unidos existiu uma versão da Silverado SS 454, com 230 hp e ainda outra com quatro portas e cabine dupla. A Suburban era a versão perua da picape Silverado, similar à nossa Veraneio.

Outra particularidade do mercado americano é que lá as picapes grandes permanecem líderes de vendas, passando por constantes reestilizações, como ocorreu em 2003 e em 2007. No Brasil, a última picape grande foi a Silverado, fabricada em São José dos Campos a partir do ano 2000, mas que foi descontinuada em 2001.

Talvez uma das mais emblemáticas picapes Chevrolet para o público brasileiro, a S10 chegou ao Brasil apenas na sua segunda geração, em 1995 – a primeira geração foi lançada nos Estados Unidos em 1982 –, mas com a mesma qualidade, acabamento e versões da americana, inclusive com a cabine estendida. O sucesso do modelo, que foi a primeira picape compacta da marca, é mundial e permanece até os dias de hoje.

Capítulo 2

MODELOS 3100 ANTES DA NACIONALIZAÇÃO

CHEVROLET 3100 "BOCA DE SAPO" (1948-1954)

UM VEÍCULO PARA O PÓS-GUERRA

Após o término da Segunda Guerra Mundial, a indústria automotiva precisou de tempo para se recuperar da estagnação causada pela urgência do conflito. A GMB começou reativando a linha de utilitários de 1941 com poucos retoques e só voltou à produção plena para o mercado civil a partir de agosto de 1945.

Essa realidade, porém, começou a mudar em 1948 com o lançamento da linha chamada de Advance Design, que imediatamente causou grande alvoroço no mercado nacional por se tratar do primeiro lançamento do pós-guerra. Essa série, que já fazia grande sucesso nos Estados Unidos havia algum tempo, simbolizava um passo em direção à modernidade.

A nova família era resultado de grandes investimentos por parte da GMC e compreendia duas categorias distintas. A linha leve, chamada de Thriftmaster, englobava os modelos 3100, 3600 e 3800, com peso bruto total (PBT, a soma do peso do veículo com sua capacidade de carga) variando de 1.905 a 3.991 kg. A linha pesada, denominada Loadmaster, contava com os modelos 4100, 4400, 6100 e 6400, correspondentes a uma faixa de PBT de 3.400 a 7.250 kg.

Da linha Thriftmaster, sem dúvida o modelo que fez mais sucesso no Brasil foi o 3100, que foi o primeiro veículo da categoria "picape leve" com grande aceitação pelo nosso mercado e que podia, inclusive, ser usado também como carro de passeio, tendência que dura até os dias de hoje. Junto com o sucesso, veio também o apelido irreverente "boca de sapo", que marcou essa versão da picape 3100, por causa da grade larga e faróis nas extremidades da dianteira.

Assim como os outros veículos Chevrolet na época, a "boca de sapo" era produzida no Brasil com peças vindas dos Estados Unidos. Inicialmente, a única parte fabricada pela filial brasileira era a caçamba, que ganhava uma plaqueta de identificação com o texto: "Fabricada na General Motors do Brasil S.A. – São Paulo". Curiosamente, houve registros de unidades com peças vindas do Canadá. Nesse caso, a marcação do velocímetro era em km/h, indicando até os 140 km/h. Nas unidades vindas dos Estados Unidos, a marcação era em milhas por hora (nesse caso, o velocímetro ia até o máximo de 80 milhas por hora).

A partir de 1951, a cabine também passou a ser produzida na fábrica de São Caetano do Sul, com

À esquerda: em 1945, a linha de montagem da GMB retorna à normalidade depois do período de guerra.
Ao centro: os carros da série Advance Design, lançados em 1948, foram os primeiros veículos comerciais Chevrolet do pós-guerra. No Brasil, ficariam conhecidos como "boca de sapo".
À direita: final da linha de montagem do caminhão 4100, em São Caetano do Sul (SP).

Desde o início, a caçamba da picape 3100 era fabricada no Brasil, fato identificado por uma plaqueta na parte interna (detalhe).

Chevrolet 3100 "boca de sapo" com acessórios de época, como faróis de neblina. O modelo fez sucesso no Brasil. Algumas picapes saíam de fábrica com a grade cromada; outras, com a grade pintada na cor do carro.

450 unidades – praticamente idênticas às americanas – montadas mensalmente. As chapas de aço eram fornecidas pela usina de Volta Redonda e outros materiais (vidros, estofamento, borrachas etc.) eram adquiridos de fábricas brasileiras diversas. O chassi e todo o restante da mecânica, contudo, ainda eram importados.

ESTILO E DESEMPENHO

Naquele tempo, o visual da grade dianteira era um aspecto importantíssimo, e a GM caprichou nesse quesito: a grade do modelo era ampla e composta por quatro grandes frisos horizontais abaulados na porção central. As picapes eram vendidas no Brasil com a grade cromada ou pintada na cor da carroceria. Não há registros oficiais, mas acredita-se que a grade cromada era um diferencial da versão mais luxuosa. De qualquer maneira, alguns proprietários posteriormente mandavam cromar a grade por conta própria.

O capô também era novo, agora com abertura frontal – aposentando o antigo formato borboleta, de abertura lateral. Visualmente, era quase consenso de que se tratava de uma picape com grande apelo visual, podendo também se adicionar acessórios que aumentavam a sensação de luxo, como faróis de neblina (instalados acima do para-choque dianteiro) e até um para-sol externo (uma aba sobre o para-brisa). As rodas vinham com calota cromada, com o nome "Chevrolet" pintado na cor vermelha e em baixo-relevo – nome que, aliás, estava presente em outros lugares: na parte lateral do capô, na tampa traseira da caçamba e num belo adorno na parte frontal do capô, que ainda vinha acompanhado da notória "gravatinha" da montadora em azul.

Havia também duas variações da picape 3100 que eram fechadas na parte de trás, como uma perua, ou wagon: um furgão sem banco e janelas na parte traseira, destinada ao transporte de pequenas cargas com mais segurança (por haver mais proteção contra fenômenos naturais como sol e chuva), e outra para passageiros, com janelas e duas fileiras de bancos, podendo transportar até nove ocupantes.

Por se tratar de um veículo utilitário, não havia muito luxo internamente, mas era o suficiente para a época. No painel, havia dois mostradores redondos: à direita, o velocímetro com hodômetro total e, à esquerda, um instrumento do mesmo tamanho que englobava quatro medidores: amperímetro, nível de combustível, pressão do óleo e temperatura do líquido de arrefecimento do motor. O volante,

O furgão era uma das variações da picape 3100.

No alto, à esquerda: o painel de instrumentos, que era completo. No alto, à direita: o motor seis-cilindros Thriftmaster da picape que desenvolvia 92 cv, bom desempenho para a época.

de grande diâmetro, tinha três raios e o botão da buzina bem ao centro. O painel era completado pelo rádio ao centro (com o alto-falante logo abaixo), cinzeiro, porta-luvas e, por fim, quatro botões: controle dos faróis, afogador, acelerador manual e limpador de para-brisa (que funcionava com o vácuo do motor). O banco era inteiriço, podendo levar três ocupantes, e tinha regulagem de distância. A alavanca de câmbio ficava na coluna de direção e o freio de estacionamento localizava-se no assoalho, ao lado do pedal de embreagem, e era acionado com o pé esquerdo.

O motor da "boca de sapo" era o tradicional seis-cilindros chamado de Thriftmaster, com aproximadamente 216 pol^3 (3.549 cm^3) e 92 cv. Esse motor era também usado nos outros caminhões da "família", por isso oferecia potência de sobra nessa picape, a mais leve da linha. Assim, ela vencia ladeiras íngremes com grande facilidade, mesmo quando carregada. A velocidade máxima era em torno de 120 km/h, isso em uma época em que as estradas, no geral, eram de péssima qualidade.

Como todo Chevrolet, o motor tinha como principal característica a extrema robustez. Quando bem usada e com a manutenção em dia, a picape trabalhava por muitos anos sem problemas. Outro ponto positivo era que a maioria dos mecânicos conhecia esse motor, cuja manutenção também era facilitada pela grande oferta de peças de reposição nas várias revendas espalhadas pelo Brasil.

O restante da mecânica era simples e funcional: a suspensão dianteira e traseira tinha molas semielípticas; o câmbio possuía três velocidades para a frente e uma marcha à ré; os freios a tambor nas quatro rodas davam conta do recado, mesmo com o veículo carregado; e a tração, como em todos os veículos comerciais, era nas rodas traseiras.

Apesar de ser um utilitário, a picape não era um veículo desconfortável – a suspensão absorvia bem as imperfeições do piso e não sacolejava tanto como um caminhão –; por isso, o veículo podia ser usado também para passeios e longas viagens sem maltratar seus ocupantes.

A "família" Advance Design ajudou a Chevrolet a consolidar a posição de liderança no mercado brasileiro ao oferecer um produto moderno, simples, de manutenção facilitada e excepcional confiabilidade. A "boca de sapo" foi recebida com entusiasmo pelo público brasileiro, mantendo uma boa reputação até hoje.

Em 1954, houve a primeira reestilização da picape. A nova grade era de quatro elementos largos em vez de frisos horizontais. O para-brisa passou a ser inteiriço, ganhando também nova caçamba. Internamente, o painel e o volante foram redesenhados. Essa nova picape foi apelidada no Brasil de "boca de bagre".

Em 1954, a picape 3100 ganhou uma modernização, com nova grade e para-brisa inteiriço; dessa vez, o apelido era "boca de bagre".

A picape 3100 de 1955 foi lançada nos Estados Unidos para concorrer com a Ford F-100, então líder de mercado. O sucesso foi imediato.

CHEVROLET 3100 "MARTA ROCHA" (1955-1959)

Durante muitos anos, a Chevrolet dominou o mercado americano na categoria das picapes médias. Porém, em 1954, a Ford obteve a liderança ao instalar um motor V8 com válvulas no cabeçote no seu modelo F-100, criando um veículo que atraiu o consumidor. Em resposta, a GM lançou uma nova linha de picapes em 1955, com modelos que logo foram considerados os mais bonitos da categoria até então. Essa beleza refletiu-se no apelido que o público brasileiro adotou para a picape: "Marta Rocha", uma homenagem à Miss Brasil de 1954, vice-campeã do concurso internacional de beleza Miss Universo no ano seguinte. Na verdade, Martha Rocha perdeu o concurso por alegadas duas polegadas a mais no quadril. Com os para-lamas traseiros proeminentes, logo a picape ganhou o apelido de "Marta Rocha".

A nova picape 3100 (também conhecida como "Task-Force", "Força-tarefa" em português) recebeu vários ajustes estéticos: novo desenho, mais retilíneo; grade quadriculada; para-brisa envolvente (algo inédito para a categoria); pestanas sobre os faróis (prenúncio do recurso usado nos Bel Air de 1955) e um grande adorno no capô com a "gravatinha" da Chevrolet. Nas laterais dos para-lamas dianteiros havia um grande emblema "3100 Chevrolet", referente ao seu nome original nos Estados Unidos.

O painel da "Marta Rocha". O velocímetro seria aproveitado futuramente na picape 3100 Brasil.

A tampa traseira da caçamba ostentava um enorme "Chevrolet", estampado em alto-relevo.

Por ser um veículo comercial, não havia muito luxo internamente. A característica que mais se destacava no painel era o velocímetro em forma de leque, que englobava também os marcadores de temperatura do motor, amperímetro, pressão de óleo, marcador do nível de combustível e hodômetro. O tanque de gasolina do veículo ficava atrás do banco e tinha bocal de abastecimento do lado de fora.

O motor era o Jobmaster 261, lançado nos Estados Unidos em 1954: seis cilindros em linha, 4.270 cm^3 e 144 cv de potência a 2.000 rpm. Era um propulsor elástico, com funcionamento suave e potência

Devido à sua beleza e para-lamas proeminentes, a picape 3100 1955 ganhou no Brasil o apelido de "Marta Rocha", homenagem à vencedora do Miss Brasil do ano anterior.

de sobra para as quase duas toneladas do veículo. Nesse ano, porém, a GM estreou o novo motor V8, um "small block" (bloco pequeno) de 4.350 cm^3 e 155 cv. Não se sabe se alguma picape "Marta Rocha" foi montada no Brasil com o motor V8.

O motor Jobmaster 261 com seis cilindros começou a ser produzido no Brasil no final de 1958, na fábrica da General Motors recém-construída em São José dos Campos (SP), e equipou as primeiras picapes completamente produzidas no país, que ficaram conhecidas como picapes 3100 Brasil.

O robusto motor, de seis cilindros, desenvolvia 142 cv.

MODELOS 3100 ANTES DA NACIONALIZAÇÃO 39

Detalhes da picape 3100 "Marta Rocha": o emblema nos para-lamas dianteiros e a bela calota.

A caçamba era revestida de madeira, e a tampa traseira trazia um letreiro com o nome "Chevrolet" em relevo.

CHEVROLET NO SANGUE

O arquiteto Marcelo Braido Dario herdou de sua terra natal, São Caetano do Sul, o amor pela marca Chevrolet: ele coleciona, restaura e preserva os modelos da marca, especialmente picapes e utilitários.

No seu acervo, guardado num galpão na cidade que ajudou a GMB a fazer história, estão veículos como: picape Chevrolet 1930 Ramona, caminhão Tigre 1936, picape Chevrolet 3100 1952, Chevrolet "Wood" 1952 com carroceria de madeira, caminhão GMC 1954 e Furgão 1955, todos originais e em perfeito funcionamento.

Fazem parte de sua coleção ainda picapes americanas, como as El Camino 1968 e um dos nove exemplares que existem no mundo da potente El Camino SS 1970, equipada com motor 454 LS6. Em 2005, ele importou a Chevrolet SSR americana, uma picape Roadster com teto conversível, motor do Corvette e linhas inspiradas no estilo dos anos 1950. Este modelo foi produzido nos Estados Unidos durante apenas três anos, e existem poucas unidades aqui no Brasil.

Com sua picape 1952 "boca de sapo", participou em 2003 do Rallie Sulamericano, promovido pela Federação Internacional de Veículos Antigos (Fiva). Ele percorreu mais de 1200 quilômetros durante sete dias por estados do Sul do país, com um veículo com cinquenta anos de fabricação, sem qualquer quebra ou problema mecânico. Dario exibe com orgulho as plaquetas nas carrocerias das picapes da década de 1950 com os dizeres *Fabricado pela General Motors do Brasil – São Caetano do Sul*".

Sou nascido e criado em São Caetano do Sul, minha família é tradicional na cidade onde a fábrica da General Motors do Brasil se instalou ainda nos anos 1930. Sempre andamos de Chevrolet. Lembro-me das viagens em família de Veraneio com meu avô. Ele foi um dos primeiros compradores do Opala na cidade. Depois da vários Opala, ele passou a dirigir o Ômega; usou Chevrolet até falecer. As picapes também sempre estiveram presentes e ele sentiu quando a GM parou de fazer as "grandes".

Marcelo Braido Dario

Capítulo 3

A PICAPE BRASILEIRA

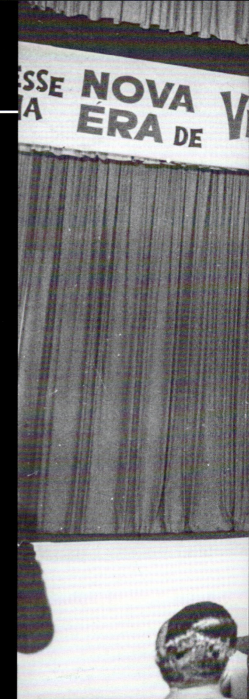

CHEVROLET 3100 BRASIL (1959-1963)

O NASCIMENTO DA INDÚSTRIA NACIONAL

Como dito anteriormente, a General Motors do Brasil começou marcando presença no nosso mercado com veículos feitos no país em regime CKD, no qual veículos de várias marcas do grupo GM (principalmente da Chevrolet, muito apreciada pelo público brasileiro) eram construídos com peças vindas dos Estados Unidos e montados por aqui.

Portanto, não havia nenhum veículo de origem completamente nacional rodando por nossas ruas e estradas. Para mudar esse quadro, em 1956 o presidente da República Juscelino Kubitschek criou o GEIA: Grupo Executivo da Indústria Automobilística. Liderado pelo Almirante Lúcio Meira, o GEIA foi possivelmente o grupo executivo mais bem-sucedido na história do Brasil, já que alcançou seus objetivos.

A criação do GEIA tinha a função de promover o desenvolvimento da indústria automobilística no país, incentivando a criação de novas fábricas de automóveis, além de estimular a nacionalização dos veículos das montadoras já existentes. O grupo oferecia às empresas que tivessem seus projetos aprovados – o veículo precisava cumprir a meta de ter pelo 40% de seu peso de peças nacionalizadas, exigência que subiria para entre 90% e 95% até o ano de 1960 – direitos a facilidades cambiais para importação de equipamento industrial, isenções fiscais generosas e áreas territoriais da União e de municípios. O objetivo era estimular o crescimento do país, aumentando os postos de trabalho e trazendo um desenvolvimento tecnológico que tornaria a mão de obra mais qualificada.

Caminhão americano modelo 6503 montado no Brasil a partir de 1955; o modelo serviria de base para o projeto 420, o futuro caminhão brasileiro.

O GEIA aceitava projetos de todos os tipos de veículos, mas, como o Brasil naquele momento investia na construção de estradas e outras obras de infraestrutura rodoviária, a frota de veículos de carga e transporte coletivo atenderia a uma demanda mais urgente. Por isso, o grupo executivo procurou inicialmente estimular a produção de veículos dessas categorias, como caminhões, tratores e utilitários do tipo jipe. Grandes empresas nacionais se interessaram, como as Indústrias Romi, que apresentou o projeto da exótica Romi-Isetta, e a Vemag, que desenvolveu a "caminhonete" DKW. Rapidamente aprovadas pelo GEIA e ambas lançadas em 1956, a Romi-Isetta e a DKW foram os primeiros carros propriamente brasileiros. Das marcas estrangeiras, a primeira a entrar foi a Volkswagen, com o projeto do Fusca e da Kombi. A Ford inicialmente ignorou a iniciativa, aderindo a ela com seus caminhões e picapes só depois de um tempo. Já a GMB apresentou no mesmo ano um projeto de nacionalização de seus já conhecidos caminhões (chamado de "Projeto 420"). Em dezembro de 1956, o estudo do caminhão Chevrolet, junto com onze de outras empresas, foi aprovado pelo órgão brasileiro. O prazo dado para o início da produção desses projetos era de até três anos, tempo cedido para a importação do maquinário e a preparação das instalações.

O Projeto 420, também conhecido como "fabricação de caminhões no Brasil", foi de suma importância, pois foi considerado o maior empreendimento manufatureiro da GM no Brasil até aquele momento. Uma das partes centrais do empreendimento seria a construção de uma nova fábrica em São José dos Campos (SP), na vasta área de 70 alqueires – localizada entre a via Dutra e a estrada de ferro Central do Brasil – na qual se concentraria a maior parte dos esforços para a produção do primeiro Chevrolet brasileiro.

A fundição, que seria a mais moderna do país, contaria com fornos elétricos cuja capacidade de fusão permitia a produção de 8,72 toneladas de ferro por hora, resultando em uma capacidade de produção de 12,5 motores por hora. Com apenas um turno de trabalho, poderiam sair da fundição até 25.000 unidades por ano. Inicialmente, a

Início das obras em São José dos Campos (SP), onde seria fabricado o motor do caminhão nacional.

área construída seria de mais de 50.000 m², dos quais 21.000 m² seriam ocupadas pela fundição e 29.000 m² pela oficina de usinagem. O consumo de energia elétrica para a produção de 25.000 unidades anuais giraria em torno de 20 milhões de quilowatts.

Ao mesmo tempo, as instalações de São Caetano do Sul também seriam ampliadas para atender às novas necessidades trazidas pelo Projeto 420. A montagem de veículos, assim como o trabalho de estamparia e ferramentaria, continuou a ser realizada nessa fábrica, onde também seriam produzidas a cabine e a parte dianteira do caminhão, além de outras peças estampadas, molas e baterias.

A GMB apostava no sucesso da fabricação local de seus caminhões – que seriam do modelo 6503, com peso nominal bruto de 8.165 kg – e se mostrou interessada em submeter também para aprovação do GEIA no início de 1957 um plano complementar de produção de picapes. O novo projeto foi imediatamente aceito pelo governo e caminhou simultaneamente com o do caminhão.

O Projeto 420 andou mais rápido que o previsto, e em março de 1958 saiu das linhas de montagem o primeiro caminhão brasileiro, com 44% do seu peso de peças nacionalizadas (superando a meta em 4%). Esse caminhão era equipado com motor fundido, forjado e usinado no Brasil. Era o tradicional

Propaganda do caminhão Chevrolet, exaltando a maior robustez e economia do mercado.

À direita: em março de 1958, era lançado o primeiro veículo brasileiro da GM: o caminhão 6503.
À esquerda: em julho de 1958 é lançado o segundo veículo brasileiro, a picape 3100 Brasil, conhecida também como o "expresso de aço".

Jobmaster seis-cilindros de 4.277 cm^3 e 142 cv, já muito conhecido dos profissionais de mecânica no Brasil, o que facilitava bastante a sua manutenção.

Além do motor, a indústria brasileira foi responsável, neste modelo, pela cabine, painel dianteiro, grade do radiador, capô, para-lamas, molas, vidros e assentos. Exatos 21% dos componentes eram manufaturados pela própria GMB, com matéria-prima nacional, e diversos fornecedores nacionais eram responsáveis pelas demais peças locais.

O "EXPRESSO DE AÇO"

Ainda naquele mesmo ano, em junho, a GMB apresentou ao público a nova picape 3100 Brasil, também conhecida como "Expresso de Aço" ou "Chevrolet Brasil", com 54% de nacionalização e a promessa de que esse índice aumentaria à medida que o programa de manufatura local seguisse o esquema progressivo de peças produzidas aqui estabelecido pelo GEIA.

A apresentação do novo veículo ocorreu no dia 7 de julho de 1958, com ampla cobertura da imprensa, em coquetel realizado nos salões do Conjunto Nacional, localizado na Avenida Paulista, em São Paulo, no qual foram apresentadas aos presentes todas as informações sobre o novo veículo e sobre os planos da GM brasileira para o futuro. Como o termo "picape" (ou "pick-up") não era muito usado na época, referiam-se ao veículo como Camioneta 3100.

Acima: o mapa do Brasil estava presente nos emblemas do capô e nos para-lamas, indicando que o modelo era nacional.
À direita: Apesar do estilo um pouco antiquado, a nova picape fez sucesso no Brasil, mostrando-se um produto alinhado ao nosso mercado.

O motor era o robusto seis cilindros em linha fabricado no Brasil, o mesmo do caminhão. A transmissão era com câmbio de três marchas à frente e uma à ré, todas sincronizadas. A capacidade de carga era de meia tonelada.

Com design diferenciado em relação aos modelos norte-americanos, a picape 3100 contava com duas ilustrações do mapa do Brasil: uma ao lado da identificação do modelo nos emblemas laterais e outra na dianteira do carro, dentro do tradicional logo da Chevrolet.

A Ford já tinha uma picape na mesma categoria, a Camioneta F-100 lançada em 1957, que vinha equipada com motor "Power-King" V8 de 4.458 cm^3 e 167 cv, apresentando por isso desempenho melhor em relação à 3100 Brasil, mas também um consumo maior de combustível.

O painel era simples, de linhas limpas e pintado na cor do carro. Os instrumentos ficavam dispostos em um leque igual ao da Marta Rocha, englobando o velocímetro com hodômetro na parte inferior, e quatro pequenos marcadores na parte superior: nível do tanque de combustível, amperímetro, pressão do óleo e termômetro da água do motor.

O estilo era característico dos anos 1950: para-lamas frontais mais baixos que o capô, com os faróis embutidos nas extremidades. A cabine era um pouco mais larga que a caçamba, o que também era moda na época.

AMAZONA, ALVORADA E CORISCO

A primeira variação da 3100 Brasil foi apresentada no final de 1960 (já como modelo 1961): a Amazona. O modelo entrou em uma categoria cuja definição era "camionete de uso misto" – ou seja, passageiros e bagagem ficavam no mesmo compartimento, diferentemente da picape. Posteriormente surgiu a definição popular "perua" (wagon), usada até hoje.

A carroceria da Amazona era fabricada pela Brasinca, empresa convenientemente situada na cidade de São Caetano do Sul, e que fez história como uma das maiores fabricantes de carrocerias de ônibus do Brasil. A GMB fornecia a parte mecânica e a cabine, portanto a parte da frente era idêntica à da picape. Já o compartimento destinado à carga foi alongado e transformado em uma espaçosa wagon, que podia levar até oito ocupantes – contando o motorista – nas suas três fileiras de bancos: três passageiros nas fileiras da frente e de trás e apenas dois na do meio, que era menor que as outras devido ao pequeno corredor que dava acesso ao banco de trás (havia uma única porta para acessar as duas fileiras, ao passo que a fileira da frente contava com duas portas, uma de cada lado). Algumas unidades foram feitas apenas com as duas portas dianteiras. Foi o primeiro veículo nacional da GMB exclusivo para passageiros.

A GMB contratou a Brasinca para fabricar a carroceria da wagon, a primeira variação da picape 3100 Brasil. O porta-malas era grande e dava conta de bastante bagagem. Nas fotos, raro exemplar da Amazona duas portas.

BRASINCA

Fundada em setembro de 1949 como Inca – Indústria Nacional de Carrocerias de Aço S.A., a Brasinca tinha o objetivo específico de fabricar carrocerias metálicas de ônibus.

Diante do surgimento de uma indústria automobilística nacional, a empresa fabricou cabines para os caminhões FNM e uma grande diversidade de componentes como carrocerias e cabines metálicas para diversas montadoras, tornando-se assim fornecedora oficial das principais marcas, além de ser a maior estamparia e ferramentaria independente do país.

Para a GMB, fabricou caçambas, cabines duplas e a carroceria das caminhonetes da linha 3100, Amazona, Veraneio e Bonanza, além de ter feito as adaptações não oficiais da C-20 Manga Larga Passo Fino. Além do seu trabalho com carros de outras marcas, a Brasinca também se destacava com veículos próprios, tendo construído o primeiro ônibus brasileiro com carroceria totalmente de aço e apresentado no Salão do Automóvel de 1964 o veículo esportivo 4200 GT, com três carburadores, 155 cv e impressionantes 200 km/h de velocidade máxima.

O porta-malas vinha atrás da terceira fileira, com 580 litros de capacidade, e o estepe ficava na posição vertical do lado esquerdo. A Amazona podia ser usada no transporte de grandes cargas. Para isso, bastava remover a segunda e a terceira fileiras de bancos. Era nessa configuração que a wagon podia também se transformar em uma espaçosa e ágil ambulância.

No II Salão do Automóvel, ocorrido no final de 1961, surgiram mais duas variações. Uma delas foi a

No 2º Salão do Automóvel, a picape de cabine dupla Alvorada causou sensação estre os visitantes.

Propaganda da Alvorada, demonstrando que ela podia ser usada tanto para o trabalho como para passeios.

Propaganda da Amazona, destacando a segurança do veículo.

foi uma homenagem ao Palácio da Alvorada, marco da arquitetura moderna e parte do projeto feito por Oscar Niemeyer para a então nova capital do país, Brasília. O nome oficial do carro, contudo, era Chevrolet 3114.

Havia um bom espaço para cargas na caçamba, menor do que o da picape de cabine simples, mas bem adequado para esse tipo de veículo. A caçamba – que media 1,182 m de comprimento, 1,653 m de largura e 0,550 m de altura – permitia o transporte dos mais diversos tipos de carga, e era eficiente tanto para entregas urbanas como no campo. Isso transformava a Alvorada em um veículo ideal para comerciantes, fazendeiros ou qualquer um que necessitasse de um carro para transporte de pequenas cargas e serviços auxiliares e que desejasse, ao mesmo tempo, um veículo confortável e prático para passeios, viagens e excursões.

A Alvorada não vendeu muito na época, mas acabou inaugurando no Brasil uma categoria de veículos que faria muito sucesso no futuro: o das picapes de cabine dupla. Essa categoria não era novidade nos Estados Unidos, onde já eram fabricadas havia algum tempo, mas por aqui a GMB foi a pioneira em introduzir esse tipo de veículo no mercado. A Ford, por exemplo, não seguiu o mesmo caminho: sua F-100 não tinha inicialmente a cabine dupla, opção que só foi adotada em 1963, porém não fez muito sucesso.

Alvorada, uma picape de cabine dupla que vinha com duas fileiras de bancos anatômicos – sendo que o da frente era ajustável – e podia transportar até seis ocupantes com conforto. O acesso ao interior se dava por duas portas na frente e uma atrás (igual à Amazona).

Seguindo a tendência nacionalista de uma época de crescimento e euforia, o nome da nova picape

PICAPES CHEVROLET

A Alvorada foi a primeira picape de cabine dupla no Brasil, configuração que ainda faz sucesso hoje.

Propaganda da Corisco, que se destacava por sua capacidade de carga.

A outra novidade trazida pela GMB no Salão do Automóvel foi o furgão Corisco (cujo nome oficial era Chevrolet 3105), o mais potente veículo da sua categoria na época, servindo para o transporte de mercadorias que não pudessem ficar expostas a intempéries, como sol, chuva e poeira. Era, por exemplo, um veículo bastante indicado para entregas, lojas, tinturarias, padarias, empórios e floriculturas. O Corisco só tinha a primeira fileira de bancos e quase dois terços de seu comprimento eram dedicados ao transporte de carga.

No final de 1962, a GMB realizou sua já tradicional "Convenção Nacional Chevrolet", que acontecia todo ano. Mais de seiscentos convidados estiveram no Esporte Clube Pinheiros, na cidade de São Paulo, para apresentar as novidades na linha Chevrolet para 1963. Em festa suntuosa, as novidades foram: todos os veículos da marca ganharam nova frente, com quatro faróis integrados à grade dianteira redesenhada, conferindo-lhes um visual mais moderno; as portas ganharam novas borrachas, com melhor vedação e ficaram menos ruidosas; o espelho retrovisor externo foi reestilizado e, finalmente, o novo teto era projetado para a frente, logo acima do para-brisa, o que, segundo a fábrica, conferia visual mais elegante ao veículo e melhorava a visibilidade para o motorista.

Nova frente da linha comercial de 1963, agora com quatro faróis e nova grade.

A "GORDA"

Em 2012, o publicitário Jairo Herrera estava procurando um veículo antigo que conseguisse levar a família inteira. Em suas andanças, acabou se encantando com um raro furgão Corisco e pensou: "Se existisse este modelo para passageiros..."

Por isso, ao saber que, sim, esse modelo existia, não descansou enquanto não conseguiu comprar uma Chevrolet Amazona. A busca terminou quando ele localizou um modelo ano 1961 em condições razoáveis, mas precisando de restauração, no bairro da Freguesia do Ó, em São Paulo. O carro não tinha tanque de combustível e estava sem embreagem, mas Herrera o comprou imediatamente, sem pechinchar, gastando parte da herança que acabara de receber com o falecimento do seu pai.

Como não tinha experiência, o publicitário se matriculou em um curso de restauração de veículos antigos e começou a restaurar sua "Gorda", apelido carinhoso da wagon. Assim, foi refazendo todas as partes do veículo: freios, molas, suspensão, parte elétrica, tapeçaria, rodas, pneus, cromados, funilaria e, finalmente, pintura, que foi terminada em 2015.

A Gorda chegou num momento de muitas mudanças em minha vida. Perdi meu pai e tive que cuidar da empresa da família, deixando minha profissão. Fiz o curso de restauração, entrei para um clube de carros antigos e participei dos meus primeiros encontros. Assim, fiz novas amizades e conheci muita gente. Tenho uma página numa rede social com muitos seguidores e faço diversas viagens para eventos pelo Brasil. Na época do Natal monto luzes com piscas contornando a silhueta da wagon e saio todas as noites pela cidade. É muito legal ver a reação das pessoas, em especial das crianças, ao ver o carro. Fico feliz em proporcionar e dividir um pouco da alegria que o carro antigo traz às pessoas.

Jairo Herrera

Capítulo 4

A LINHA C

C-14 (1964-1974)

NOVOS MODELOS PARA NOVOS TEMPOS

Após dois anos de muitos testes, foi lançada em 1964 a picape C-1404 – uma evolução da antiga Chevrolet 3100 Brasil e uma resposta da GMB à Ford, que havia modernizado a sua F-100 em 1962. A aceitação foi imediata, pois aliava robustez para o trabalho e conforto aos passageiros como nenhuma outra picape GMB fizera antes (as propagandas da época ressaltavam isso com o slogan "O trabalho não precisa ser sacrifício para ninguém"), e a C-14 (como ficou conhecida) tornou-se a preferida entre fazendeiros e agricultores. A nova picape também servia como veículo de passeio de fins de semana, aproximando-se do conforto de um automóvel de passeio, e sua superioridade em relação à antiga agradou imediatamente ao consumidor. O sucesso do veículo seria suficiente para garantir que a linha fosse mantida por dez anos e produzisse 125.964 unidades, comprovando outro slogan da época de seu lançamento: "Um novo conceito em utilitário".

A nova picape foi fruto de uma grande reformulação, e o excelente trabalho do departamento de estilo da GMB resultou em um carro de linhas mais modernas e retas que seus predecessores cujo desenho era exclusivamente brasileiro. O novo para-brisa era panorâmico, melhorando assim a visibilidade. Os estribos que davam aspecto antigo às picapes 3100 foram eliminados e as laterais da carroceria eram do tipo inteiriço graças ao novo desenho do capô e da grade. A caçamba, sensivelmente maior que a antiga, agora acompanhava a largura da cabine, estilo característico das picapes dos anos 1960, também conhecido como Styleside. O assoalho da caçamba era revestido de madeira resistente com estrias de aço embutidas, o que facilitava a operação de carga e descarga de material.

A tampa traseira abria até o nível do piso da caçamba, transformando-se em um suporte para cargas mais longas. Existiam dois orifícios de cada lado da caçamba para a possível instalação de capota ou painéis laterais. O tanque de gasolina agora era montado atrás do eixo traseiro e tinha capacidade para 72 litros, melhorando a distribuição de peso e conferindo boa autonomia para a picape. O estepe ficava preso na caçamba, encostado na vertical na janela traseira da cabine; isso facilitava o acesso e a remoção, mas também os furtos.

A pintura da carroceria era bicolor, com acabamento branco acima do vinco da carroceria, o que englobava todo o capô. A fábrica oferecia grande variedade de combinações de cores, com seis tonalidades inéditas. Outros detalhes externos incluíam a dianteira (com quatro faróis), a grade (com um letreiro "Chevrolet" em baixo-relevo e pintado na cor do veículo), para-choques pintados de branco e calotas cromadas e com novo desenho.

À esquerda: nova C-1404, uma picape mais moderna e confortável. Ao centro: o carro tinha linhas mais retas e quatro faróis. À direita: o espaçoso interior do veículo, que podia transportar três pessoas com conforto.

A C-14 ao lado de sua principal concorrente: a Ford F-100 de 1962.

Internamente, a C-14 ganhou banco mais confortável, com estrutura especial e estofamento de espuma plástica, que fornecia melhor vedação contra frio, calor e ruídos. O painel também era novo, com porta-luvas ampliado, cinzeiro, botões e chaves facilmente identificáveis e espaço reservado para a instalação de rádio. O volante era de luxo, típico de um carro de passeio, com um belo aro de buzina semicircular cromado. Havia também dois novos mostradores: à esquerda, o velocímetro com escala até 160 km/h, com hodômetro acoplado; à direita, o outro mostrador do mesmo tamanho indicava o nível de gasolina e a temperatura da água do motor, além de trazer duas luzes espia de amperagem e pressão do óleo.

O novo veículo contava com partida por solenoide, que conservava automaticamente o motor engrenado até que começasse a funcionar, e dava partida por meio da chave – não mais com um botão como na 3100. O comando das luzes direcionais passou a ser instalado na coluna de direção, facilitando o manuseio, e tinha o sistema de desligar automaticamente quando o volante voltasse para a posição reta.

Propaganda da C-14 exaltando a tradicional robustez das picapes Chevrolet.

A versão de cabine dupla (C-1414), um veículo que servia para trabalho e também para passeio.

Outra novidade foi a instalação de uma junta elástica de borracha especial entre a coluna e a caixa de direção que eliminava vibrações e tornava o veículo mais fácil e suave de dirigir. O câmbio, com alavanca na coluna de direção, era de três marchas à frente. A alavanca do freio de estacionamento estava instalada em nova posição, mais acessível. Os pedais da embreagem e do freio agora eram suspensos, sem furos no assoalho e com melhor vedação.

O teto da cabine, graças a uma camada de material isolante, absorvia mais os ruídos e o calor dos raios solares.

O motor da C-14 era robusto, de seis cilindros em linha e com potência de sobra. Apesar de ter concepção antiga – só contava com quatro mancais de apoio no virabrequim, enquanto os mais modernos tinham sete –, ele dava conta do recado, tendo como característica a grande durabilidade, apreciada principalmente por quem usava o veículo para o trabalho e valorizava o baixo custo de manutenção. Outra característica do motor era a rotação da marcha lenta incrivelmente baixa, entre 450 e 500 rpm, fator que contribuía para a sua longevidade.

Quem estivesse acostumado com a picape 3100 e dirigisse a C-14 perceberia a grande diferença de conforto, pois a suspensão substituiu o antigo sistema de feixe de molas, herdado dos caminhões, por um sistema mais moderno: a dianteira passou a ser independente, com braços triangulares superpostos e molas helicoidais, e a traseira continuou com o mesmo eixo rígido da antiga, mas com molas do mesmo tipo das usadas na dianteira. Com isso, a C-14 passou a ter melhor estabilidade e rodar macio mais próximo a um automóvel.

A picape C-14 foi o primeiro veículo brasileiro em que poderia ser instalado com a chamada Tração Positiva, nome para o diferencial autoblocante. Isso evitava que o veículo patinasse na lama. Caso uma roda atolasse, a tração transmitia força à roda livre e o carro saía com mais facilidade. O motor passou

O modelo C-1503 vinha sem a caçamba; o proprietário adaptava o veículo como lhe conviesse: caçamba de madeira, baú etc.

Assim como os modelos 3100, a picape C-14 podia ser transformada em uma espaçosa ambulância.

À frente, a C-1404; ao seu lado, a C-1505, com chassi alongado.

a ter um novo e exclusivo sistema de filtragem total do óleo, o que permitia que a troca de lubrificante fosse realizada a cada 6.000 km. O câmbio era o tradicional de três marchas à frente, e o freio a tambor nas quatro rodas era suficiente.

No final de 1964, no Salão do Automóvel, foram apresentadas alternativas à C-1404, todas mantendo o sistema de nomenclatura de quatro algarismos precedidos pela letra C.

A C-1414 era a versão de cabine dupla, reafirmando o interesse que a GMB já havia demonstrado na categoria com a Alvorada. Dessa vez, porém, a cabine dupla só tinha as portas da frente, e o acesso à fileira de trás se dava por meio do encosto basculante do banco da frente. Já a picape com chassi longo e maior capacidade de carga era a C-1505. A última versão da picape era a C-1503, que tinha o mesmo chassi da C-1505, mas vinha sem caçamba, permitindo que o comprador instalasse, por exemplo, uma caçamba de madeira e transformasse a picape em um pequeno caminhão.

Outra versão de grande sucesso foi a wagon C-1416 (posteriormente chamada de Veraneio), de carroceria totalmente fechada. Ela vinha com duas fileiras de bancos e quatro portas, além de uma grande tampa traseira no porta-malas. Os para-choques e a grade eram cromados e de aspecto luxuoso. Além do público comum, a C-1416 fez

Linha 1967: a Veraneio era a única que ainda vinha com quatro faróis.

A versão wagon era a C-1416, que futuramente seria rebatizada de Veraneio.

sucesso entre os vários órgãos de polícia, pois a wagon era rápida e podia transportar os policiais e o preso no local destinado ao porta-malas ("o chiqueirinho"). A procura pelo veículo para transformá-lo em ambulância também era grande; por isso, a GMB criou um modelo já preparado para esse fim, chamado C-1410.

A C-14 sofreu poucas mudanças no período em que foi fabricada. A maior de todas ocorreu em 1967, quando passou a ter apenas dois faróis e a grade ficou mais simples, com o emblema "Chevrolet" migrando para a extremidade do capô e diminuindo de tamanho. A picape de cabine simples tinha as versões básica e de luxo – esta última vinha com os para-choques e a grade cromados. A wagon Veraneio só ganhou a nova grade, sendo a única da linha que manteve os quatro faróis.

Naquele mesmo ano, o câmbio passou a ser totalmente sincronizado e um novo alternador substituiu o dínamo – agora a bateria podia ser carregada mesmo em marcha lenta. A nova picape estava mais bem protegida contra ferrugem e corrosão graças a um novo revestimento inibidor de corrosão aplicado em toda a superfície de sua carroceria. Outra novidade foi o painel de instrumentos totalmente redesenhado.

C-10 (1974-1985)

A C-14 permaneceu no mercado com poucas alterações até 1974, quando a GMB, sentindo a pressão da mais nova Ford F-100, com estilo mais moderno e equipada com motor V8, decidiu então reformular a própria série, que passou a ser chamada "C-10". A nova picape tinha pequenas mudanças estéticas: o emblema "Chevrolet" saiu da ponta do capô e migrou para a parte direita da grade, agora menor e em letra cursiva. Na lateral, havia um grande emblema "C-10" com a "gravatinha" Chevrolet na cor azul logo abaixo. A parte mecânica não sofreu mudanças.

As variações eram as mesmas da antiga, e as nomenclaturas também: cabine simples C-1404, cabine dupla C-1414 e chassi longo C-1505 (cuja distância entre-eixos era de 3,23 m, em vez dos 2,92 m das outras). Havia também outras versões especiais, produzidas sob encomenda, como a C-1403 (com cabine e sem a caçamba), e a C-1412 (meia cabine e sem a caçamba) – nesses dois casos, o comprador podia escolher que o veículo viesse com ou sem o para-choque traseiro.

Todos os modelos ofereciam os seguintes opcionais: Tração Positiva, trava na coluna de direção, lavador de para-brisa com bomba de pé, rádio com três faixas de onda, pneus com faixa branca, buzina aguda e acendedor de cigarros.

As picapes de cabine simples e dupla eram oferecidas em versão única. Porém, quando equipadas com todos os opcionais, passavam a ser consideradas como "versão Luxo", e vinham também com outros acessórios que lhes conferiam maior sofisticação: friso cromado no para-brisa, para-sol do lado do passageiro, cobertura do freio de estacionamento, placa decorativa no painel de instrumentos e estribos laterais, além de para-choques, calotas e grade do radiador cromados.

A Veraneio era oferecida no mercado em três versões. A Econômica, que era o modelo de entrada, vinha com a primeira fileira de banco inteiriço, com revestimento e acabamento internos de vinil preto. A intermediária era a Básica, que tinha o mesmo acabamento da Econômica, mas vinha equipada

Na versão Luxo a C-10 vinha com acabamento cromado na grade, nos para-choques, nas calotas e nos instrumentos internos. Fora isso, vários acessórios eram oferecidos, como faróis de milha e garra nos para-choques.

O emblema na lateral (detalhe) identificava a nova série, lançada em 1974.

Robusto e consagrado motor de seis cilindros, essencialmente o mesmo desde a Picape 3100 Brasil.

com lavador de para-brisa, acendedor de cigarros e calotas cromadas. A versão mais completa era a Luxo, com encosto reclinável para o motorista (apesar do banco da frente ser inteiriço), direção hidráulica (opcional nas outras), rádio de três faixas, tapetes em buclê, painéis das portas decorados, super-calotas (calotas maiores e mais adornadas do que as "comuns") e cromo nos para-choques, aros dos faróis e grade do radiador (nas outras versões, essas peças eram pintadas de branco). Como opcionais, eram oferecidos Tração Positiva, trava de direção, teto de vinil e, inclusive, uma terceira fileira de banco, ampliando a capacidade para oito pessoas.

OS EFEITOS DA CRISE DO PETRÓLEO

Antigamente, a gasolina era um produto barato e abundante, e ter um veículo potente e equipado com grande motor era motivo de orgulho para o proprietário. Era exatamente o que acontecia com a C-10: motor de seis cilindros e velocidade máxima de 150 km/h eram o suficiente para deixar o motorista feliz. Contudo, a crise do petróleo iniciada em 1973 mudou isso, assombrando o mundo e terminando só depois do fim da década de 1970. O preço da gasolina passou a aumentar de forma significativa, e muitas vezes até faltava combustível nos postos. Isso obrigou a GMB a oferecer motores mais econômicos para a C-10.

Em 1977 veio uma solução caseira: o motor 151 de quatro cilindros e 2.500 cm^3 que equipava o Opala desde 1968 passou a ser opcional para a picape de cabine simples. Com 90 cv de potência, não tinha desempenho tão brilhante quanto o seis-cilindros, mas era uma opção para economizar combustível. Para aproveitar melhor a menor potência do motor, a nova picape vinha equipada com câmbio de quatro marchas, que tinha sua alavanca no assoalho (isso era novidade nas picapes Chevrolet e, a partir de então, a picape de seis cilindros passou a ter também a opção desse tipo de alavanca). A picape equipada com motor menor ficou conhecida como Chevy 4 e tinha, na

Como de costume nos utilitários Chevrolet, a C-10 também tinha aptidão para ser convertida em um veículo especializado: carro de bombeiros, ambulância etc.

versão mais básica, acabamento simplificado, com total ausência de acabamentos cromados e sem calotas nas rodas.

Naquele mesmo ano, a GMB ofereceu também a C-10 SL (chamada de Chevy SL), que passou a ser a versão de luxo. Vinha com bancos individuais de veludo – requinte para a época – e, entre eles, console que servia como porta-objetos. Externamente, havia várias diferenças que lhe davam aspecto luxuoso e esportivo, como calotas redesenhadas e pneus com faixa branca. Havia também três faixas pretas horizontais em toda a extensão da carroceria e um emblema exclusivo "C-10" no para-lama. A produção desse modelo foi mais limitada, e o C-10 SL é hoje uma verdadeira raridade.

Mudanças cosméticas ocorreram em 1979: os vincos do capô foram redesenhados e a grade passou a ser fabricada em material plástico e formada por duas fileiras com seis retângulos vazados, tendo ao centro a "gravatinha" Chevrolet, também de plástico. Outras novidades eram alguns itens opcionais oferecidos: temporizador do limpador e lavador elétrico do para-brisa, filtro de ar de elemento duplo e trava na coluna de direção. Na parte mecânica, os freios passaram a ser com disco nas rodas dianteiras e tambores mais largos na traseira. Já as longarinas foram reforçadas, tornando o chassi mais robusto e resistente.

Porém, a maior novidade do ano (reflexo da crise do petróleo) foi o novo motor a diesel, o Perkins 4236 que deslocava 3.868 cm^3 de cilindrada, com 77 cv a 2.800 rpm. Era a picape mais econômica da

Linha de montagem da Chevy 4: a grade do veículo era mais simples que a do restante da linha e as rodas vinham sem calotas.

PICAPES CHEVROLET

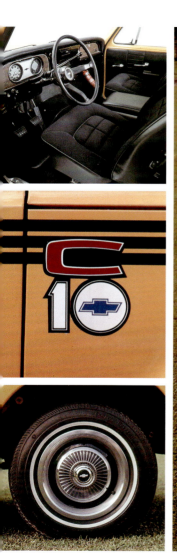

A Chevy SL era a alternativa de luxo; atualmente, é muito rara. Ao lado, seus detalhes exclusivos: interior com bancos individuais e painel com material imitando madeira, emblema C-10 e calota luxuosa.

Ao lado: D-10/1000, a primeira picape Chevrolet a diesel. Abaixo: a cabine dupla era uma das várias opções oferecidas em 1979.

suspensão para que a picape tivesse maior capacidade de carga, e chamou a nova versão de "D-10/1000" (o "D" era de diesel e o "1000" a capacidade de carga, válida tanto para o chassi curto como para o chassi longo).

Essa melhoria também se entendeu para a C-10 cabine simples, que foi renomeada C-10/1000. Agora havia várias versões a gasolina à escolha do consumidor: C-10 "Chevy 4" (cabine simples, motor quatro-cilindros), C-10 original (cabine simples, motor seis-cilindros) e C-10-P (cabine dupla, motor seis-cilindros) entre as com capacidade de carga de 550 kg; e C-10/1000 (cabine simples, motor seis-cilindros, chassi curto) e C-15/1000 (cabine simples, motor seis-cilindros, chassi longo) entre as com capacidade de 1.000 kg. Todos os modelos tinham duas versões de acabamento: Standard e Luxo.

Em 1980, a linha continuou praticamente inalterada, exceto por dois novos opcionais que passaram a ser oferecidos: abertura basculante no teto para melhorar a ventilação da cabine e o novo retrovisor externo retangular e de maior dimensão, que facilitava as manobras. Contudo, a maior novidade do ano foi a adoção do motor movido a álcool (etanol) como opcional (algo inédito em

linha, pois o diesel era um combustível com relação custo-benefício mais vantajosa.

Para cumprir a meta estabelecida pelo governo, sob a qual um veículo só poderia usar motor a diesel se fosse um utilitário com capacidade de carga de 1.000 kg ou mais, a GMB fez reforços na

Como já era tradição nos utilitários Chevrolet, a C-10 podia ser usada tanto no campo como na cidade.

uma picape nacional), mas somente para o motor de quatro cilindros. A picape era conhecida como A-10, e seu motor era semelhante ao da versão a gasolina, mas devidamente adaptado para funcionar com o combustível oriundo da cana-de-açúcar, aproveitando-se da experiência da GMB com o Opala. Em 1981, o motor de seis cilindros que equipava a picape desde as antigas 3100 foi substituído pelo seis-cilindros 4.1 do Opala, que, além de mais moderno, também podia ser adaptado para o novo combustível. A partir de então, tanto as picapes de quatro cilindros como as de seis cilindros eram oferecidas com motor a gasolina ou a etanol.

Os motores a etanol, oferecidos a partir de 1980, vinham pintados de amarelo.

O etanol no Brasil

A crise do petróleo durante a década de 1970 fez com que o Brasil, assim como o restante do mundo, sofresse com aumentos constantes no preço da gasolina e derivados, que também estavam sempre sujeitos ao risco de escassez. Em resposta a essa situação, o Brasil criou o programa Proálcool, que realizava pesquisas no intuito de permitir a substituição do motor a gasolina por um capaz de atuar usando etanol feito a partir da cana-de-açúcar (cuja produção está arraigada na história do Brasil). No início dos anos 1980, começaram a aparecer os primeiros veículos a álcool, inicialmente de forma tímida e com grande desconfiança do público. Mas aos poucos a tecnologia e a percepção do público melhoraram, até que, no ano de 1984, os veículos movidos a etanol chegaram a representar até 90% das vendas de automóveis no Brasil.

Contudo, as vantagens do combustível alternativo não eram incondicionais. Por ser menos eficiente que a gasolina, o etanol às vezes se tornava a opção menos econômica mesmo com um preço por litro inferior. Além disso, é mais difícil iniciar a combustão por álcool em temperaturas mais frias, o que tornava o motor exclusivo ao combustível uma inconveniência no inverno. A resolução desses problemas começou a ser resolvida no começo dos anos 2000, quando a indústria automobilística criou o motor bicombustível (ou "flex"), que funciona tanto com álcool como com gasolina ou com os dois misturados. Hoje a possibilidade de usar tanto gasolina como etanol é vista como aspecto básico de um veículo nacional de uso doméstico.

Em 1983, a novidade foi o visual mais atraente da versão de luxo, com nova pintura em três combinações de cores diferentes: preto e cinza; vermelho e cinza; e azul e bege. A grade do radiador vinha na cor preta com filetes prateados, os espelhos retrovisores externos eram pintados de preto e as calotas eram de luxo (iguais às da C-10-SL de 1977). Internamente, havia acabamento de duas cores: preto ou cinza. O banco bipartido (do tipo ¹/₃ e ²/₃) era de espuma moldada e revestidos de veludo. Para completar, havia descanso de braço nas portas e carpete de náilon.

Em 1984, o painel de instrumentos ficou mais completo: agora eram dois marcadores redondos grandes (o velocímetro à esquerda e o conta-giros à direita) e quatro marcadores menores ao lado: voltímetro, relógio de horas a quartzo, temperatura do motor e nível de combustível.

Em 1985, a C-10 foi redesenhada e incorporada à nova linha da Chevrolet, a série 10/20, encerrando o ciclo da linha C, mas sem que fossem esquecidas as contribuições e possibilidades trazidas por essa geração de picapes.

Emblema da D-10/1000 a diesel.

A LINHA C **75**

A novidade de 1983 era a nova pintura bicolor especial, de aspecto mais luxuoso.

OLD WAY EXPEDITION

Em 2005, uma incrível e inesquecível viagem foi realizada por sete integrantes que percorreram 12.570 quilômetros em 38 dias a bordo de três picapes Chevrolet brasileiras antigas. Os viajantes partiram de Manaus, no Norte do Brasil, rumo a Detroit, nos Estados Unidos.

Esta viagem, idealizada e liderada por Luiz Cesar Thomas Fanfa, ex- diretor de comunicação da GMB, teve o objetivo de comemorar os 80 anos da GM no Brasil com a doação de um modelo da picape Chevrolet "Brasil" 3100 1960 ao GM Heritage Center, responsável pela preservação da memória da marca no mundo.

Os veículos Chevrolet 3100 1960, Chevrolet 3100 1963 e Chevrolet Veraneio 1980 percorreram onze países (Brasil, Venezuela, Colômbia, Panamá, Costa Rica, Nicarágua, Honduras, El Salvador, Guatemala, México e Estados Unidos), em estradas nas mais diversas condições e enfrentando grandes variações climáticas, como altas temperaturas equatoriais, tempestades tropicais, a passagem do furacão Katrina e até um terremoto.

Das estradas esburacadas na floresta amazônica até o asfalto liso e impecável com as baixas temperaturas em Detroit, a aventura destes expedicionários apaixonados por carros ficou marcada para sempre na memória deles. A seguir, alguns depoimentos obtidos na época em registro feito em vídeo por Sergio Massa, um dos participantes, ao término da expedição, já em Detroit.

Quando pensamos numa expedição como essa, feita à moda antiga, imaginamos os desafios. E encontramos grandes desafios, não só na distância, mas com altas temperaturas, sol forte e ainda tempestades e terremotos, difíceis para qualquer carro, mesmo moderno. Mas nós conseguimos, somos vitoriosos!

Nereu Leme

Quando o Fanfa teve a ideia da viagem, não acreditamos ser possível. Restauramos o carro do acervo da GM e sem dúvida o slogan "A viagem da vida" traduz o momento, que ficará gravado para sempre. Não vou esquecer jamais!

Evandro Romero

"É quase inacreditável que fizemos a viagem sem nenhum problema, sem acidentes, quebras e sem ninguém ficar doente. Dias de muito calor, chuva... tivemos que comprar cobertores... Tudo isso num automóvel antigo, sem ar-condicionado, direção hidráulica ou freios com hidrovácuo. É uma experiência que ninguém vai nos tirar!"

José Aurelio de Affonso Filho *(in memoriam)*

"Inicialmente o planejamento era um passeio, mas os patrocinadores viabilizaram esta expedição com um veículo representativo da nossa indústria e que foi entregue ao GM Heritage Center por ocasião do Fórum Mundial de Museus de Automóveis, com mais de 150 representantes."

Luiz Cesar Thomas Fanfa

Capítulo 5

NOVAS SÉRIES 10/20

SÉRIE 10/20 (1985-1997)

NOVAS TENDÊNCIAS, NOVA SÉRIE

Na metade da década de 1980, a categoria de picapes mais pesadas estava estagnada no mercado brasileiro. Tanto a Ford como a GMB não faziam grandes mudanças nos seus modelos havia muito tempo e parte do público decidiu sacrificar a capacidade de carga por mais conforto e economia, migrando então para modelos menores, derivados de automóveis de passeio, como Fiat City (do Fiat 147), Ford Pampa (do Corcel II), Volkswagen Saveiro (do VW Gol) e Chevy 500 (do Chevette).

A GMB percebeu essa tendência do mercado e decidiu realizar uma grande modernização em sua linha de picapes maiores, criando assim a nova série 10/20, que se aproximava das picapes Chevrolet norte-americanas e ganhava conforto e modernidade em relação aos antigos modelos brasileiros.

O desenho ficou, no geral, mais reto, seguindo a tendência de estilo da década. Na frente, os faróis eram retangulares, com os piscas invadindo as laterais. As lanternas traseiras – instaladas na posição vertical – também eram novas e de formato envolvente. A caçamba ficou mais larga e profunda, ganhando também quatro ganchos em cada lateral, que facilitavam a amarração da carga. O capô ficou ligeiramente inclinado para a frente (melhorando a sua aerodinâmica) e eliminou alguns pontos de turbulência de ar do modelo anterior. Havia também duas opções de rodas: a simples, para os

modelos mais baratos, e a esportiva, para os modelos mais luxuosos.

Como o nome sugere, a série se dividia em duas linhas principais: a "série 10", com capacidade de carga de 0,5 tonelada e sem opção de cabine dupla, e a "série 20", que carregava até 1 tonelada. Ambas eram sempre precedidas de uma letra que indicava o combustível utilizado: A-10 e A-20 para os veículos a etanol (ou "álcool"), D-10 e D-20 para diesel, e C-10 e C-20 para gasolina (apesar da estranheza de se usar "C" para gasolina, a GMB sempre havia usado a letra em seus modelos de picapes antes do surgimento de novos combustíveis e achou interessante mantê-la na nova série).

Havia três versões de acabamento: Standard, Luxo e Custom (ainda mais luxuosa). O painel era completo e do tipo envolvente, com dois mostradores maiores: velocímetro e conta-giros; e quatro menores na esquerda: marcador de combustível, temperatura do motor, relógio e manômetro de óleo. A Custom vinha com encosto do banco dianteiro que separava a parte dos passageiros da do motorista (que, por sua vez, era reclinável e com regulagem de altura do assento); revestimento dos bancos com tecidos nas cores vermelha, azul ou preta; revestimento do assoalho em carpete de náilon; molduras laterais na carroceria; rodas com desenho esportivo e espelho retrovisor externo de ambos os lados.

As picapes contavam com o novo sistema de ventilação forçada, que também funcionava como desembaçador em dias de chuva, e tinham itens opcionais que ofereciam mais alternativas para a ventilação interna do carro, como a abertura basculante no teto, que podia ser aberta nos dias quentes, e o vidro traseiro corrediço com grade de proteção. Outros itens opcionais eram o desembaçador com

Na página ao lado, a série 10/20 modernizou as picapes Chevrolet. À esquerda: a C-10 básica, com rodas simples. À direita: a C-10 Custom, com rodas esportivas. Nesta página: ao lado: a traseira também foi totalmente modificada na nova série, à esquerda.

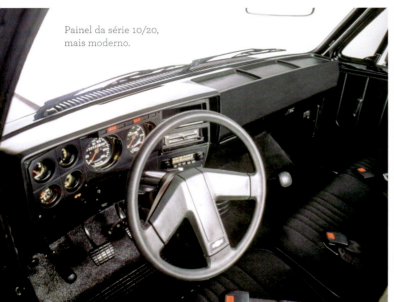

Painel da série 10/20, mais moderno.

A moderna linha de montagem das picapes Chevrolet e o econômico motor a diesel, que desenvolvia 90 cv.

ar quente, direção hidráulica (ausente nas versões equipadas com motores de quatro cilindros) e transmissão manual de cinco velocidades, além de itens mais estéticos, como para-brisa com vidro verde, faróis halogêneos, rodas esportivas e pintura em dois tons (disponível na versão Custom).

Havia três tipos de motores que equipavam as picapes Chevrolet 10/20. O primeiro era o de quatro cilindros e 2.470 cm^3 do Opala, disponível apenas na série 10 e com opção de etanol (potência de 88 cv) ou gasolina (potência de 80 cv). A outra opção para esses combustíveis era o motor de seis cilindros, velho conhecido dos brasileiros (pois era o mesmo que equipava o Opala desde 1971) que podia equipar tanto a série 10 como a 20 e apresentava as potências de 135 cv para o modelo a etanol e 118 cv para o modelo a gasolina, ambos suficientes para levar as picapes a uma velocidade próxima a 150 km/h. Para distinguir os motores por uso de combustível, a GMB os pintava de azul (para gasolina) ou amarelo (para etanol).

A terceira possibilidade era o motor a diesel, o Perkins Q.20B4 muito procurado pelo consumidor por sua vantagem econômica, já que o diesel custava menos que o etanol e que a gasolina. Esse motor de quatro cilindros, 3.871 cm^3 e 90 cv de potência era simples e robusto, como todo Chevrolet. A velocidade não era seu forte (a velocidade máxima era 125 km/h), mas a economia no bolso compensava.

A série 10/20 era equipada com o diferencial autoblocante Positraction (antes chamado de Tração Positiva), muito útil para quem usasse a picape em terrenos escorregadios. Enquanto um veículo com diferencial normal poderia atolar em terrenos lamacentos por falta de aderência em uma das rodas, a picape equipada com o Positraction teria mais chance de vencer obstáculos desse tipo. No momento em que uma roda começasse a patinar, o Positraction automaticamente transferia a força do motor para a outra roda, facilitando a tração do veículo. Esse equipamento era muito útil para quem usasse a picape em superfícies com pouca

A versão Custom tinha a opção de pintura em dois tons.

aderência, como lama, cascalho em estradas não pavimentadas ou piso molhado.

No final do ano, a GMB apresentou, já como modelo 1986, a picape de cabine dupla, que podia transportar seis ocupantes com boa capacidade de carga e que, finalmente, vinha com quatro portas. A distância entre-eixos era maior que nas picapes de cabine simples (3,23 m e 2,92 m, respectivamente) e o veículo também era mais comprido (5,34 m em vez dos 4,82 m da versão de cabine simples). As opções de motores eram as mesmas da série 20 de cabine simples: motores a etanol ou a gasolina de seis cilindros ou motor a diesel de quatro cilindros.

A carroceria da cabine dupla era montada pela Brasinca, a mesma responsável pela antiga Chevrolet Amazona e que, naquele momento, fabricava a carroceria da picape Saveiro da Volkswagen e a cabine de caminhões da Volvo e da Scania. A empresa também projetou a cabine, com supervisão e apoio de engenheiros da GMB.

A montagem da picape da cabine dupla funcionava da seguinte maneira: a Brasinca recebia da GMB o veículo montado com toda a mecânica e a lataria dianteira crua (ou seja, sem pintura) e até a altura do para-brisa. A partir disso, a empresa completava a montagem do veículo, transformando-o

Em 1986, o chassi longo estava disponível para a cabine simples, aumentando assim a capacidade de carga. Na foto, a D-20 Custom.

em cabine dupla. Ao final do processo, a picape recebia a pintura na própria Brasinca.

Em 1986, a GMB passou a disponibilizar o chassi mais longo também para a cabine simples (mas exclusivamente para a série 20). A "picape chassi longo", como ficou conhecida, oferecia capacidade de

Acima: a partir de seu segundo ano, o modelo Custom podia ser comprado com faixas laterais.
Abaixo: a versão de cabine dupla tinha o chassi mais longo. Com isso, havia bastante espaço para seis ocupantes e boa capacidade de carga.

Acima e ao centro: em 1987 a GMB apresentava a versão 4×4, buscando atender o consumidor mais aventureiro. Devido à maior altura em relação ao solo, este modelo vencia qualquer tipo de terreno acidentado.
Abaixo: outras novidades de 1988 foram a nova faixa lateral e a nova versão "Custom de Luxo".

carga significativamente maior que as demais versões de cabine simples da série 10/20, mas com 100 kg a menos que a versão de cabine dupla. Passou a existir também uma versão sem caçamba, na qual o comprador equiparia a traseira com capota de lona, carroceria de alumínio fechada, carroceria de madeira aberta ou o que mais lhe conviesse.

Outra novidade para o ano foi a inclusão de faixas laterais decorativas como item opcional, havendo várias cores à escolha do comprador. Além disso, nesse mesmo ano, a versão Luxo deixou de ser oferecida, restando a Standard e a Custom.

No início de 1987, a GMB apresentou à imprensa a versão com tração 4×4, que, com lançamento previsto para meados de 1988, atenderia à crescente demanda do mercado consumidor por automóveis utilitários. Antes dela, a única opção no Brasil era comprar kits 4×4 vendidos por empresas independentes e instalá-los na picape normal.

A picape com tração nas quatro rodas foi fruto de dois anos de pesquisa e testes no Campo de Provas de Cruz Alta. Porém, ainda não havia data definida para o lançamento no mercado, pois o veículo não estava pronto para a fabricação.

A tração nas rodas da frente só funcionava quando ativada por meio de uma alavanca. Em condições normais, a picape poderia ser utilizada como veículo comum, com tração traseira e o mesmo nível de conforto.

O ano de 1988 começou com apenas algumas mudanças, como novas faixas laterais, a criação da versão Custom de Luxo (mais completa que a Custom) e dois novos opcionais luxuosos: ar-condicionado e portas com vidros e travas elétricas. Contudo, no final do ano, chegou a novidade maior: finalmente foi lançada a versão 4×4 apresentada no ano anterior. A picape com tração nas quatro rodas era facilmente identificável pelos pneus tipo lameiro e pela maior altura do solo. O engate da tração era feito por meio de uma pequena alavanca junto ao câmbio de quatro marchas, que podia ser acionada mesmo com o veículo em movimento (desde que ele estivesse, no máximo, a 40 km/h). Porém, em situações extremas, era necessário engatar a tração reduzida, e nesse caso era necessário parar o veículo.

VERANEIO E BONANZA

Além do modelo 4×4, mais duas variações da picape foram lançadas no final de 1988 (já como modelo 1989): a wagon Bonanza, de chassi curto, e uma nova versão da Veraneio, que, com o chassi longo, se transformou numa enorme wagon com 5,34 m de comprimento.

Os dois veículos têm uma origem curiosa. Apesar da reformulação geral que a GMB fizera nas picapes em 1985, a Veraneio não tinha sido modernizada até então, continuando com a carroceria antiga. Naquela mesma época, porém, havia várias empresas independentes que personalizavam as carrocerias das picapes, e a Brasinca, que era uma delas, oferecia duas versões de picapes Chevrolet transformadas em wagons fechadas: uma com chassi longo, chamada de Manga Larga, outra com chassi curto, cujo nome era Passo Fino.

Notando o interesse nesse produto, a GMB decidiu passar a vender suas próprias versões e, de forma inteligente, contratou a Brasinca para fazer a transformação. Assim, a Manga Larga virou a nova Veraneio e a Passo Fino se transformou na Bonanza, ambas vendidas nas concessionárias Chevrolet com garantia de fábrica e algumas modificações – no caso da Bonanza, por exemplo,

A Bonanza tinha chassi mais curto e apenas duas portas.

o chassi passou a ser encurtado pela própria GMB (anteriormente, o serviço era feito na Brasinca), o estepe foi para dentro do porta-malas (em vez de ficar na tampa do porta-malas, pelo lado de fora) e a janela lateral se tornou mais plana (na Passo Fino, ela invadia o contorno da capota).

O espaço interno era o ponto forte da Veraneio: levava seis passageiros com bastante conforto e o acesso era fácil devido às quatro portas amplas. Havia também um grande compartimento para bagagem, com 1.240 litros até a altura dos vidros ou 2.340 litros até o teto. Esse volume era suficiente para considerá-lo o maior porta-malas entre todos os veículos brasileiros, e a capacidade de carga podia aumentar ainda mais com o encosto bipartido do banco traseiro rebatido. O acesso ao porta-malas era facilitado pela grande tampa traseira. No início só havia a versão com duas fileiras de bancos, mas, depois de um tempo, a GMB passou a oferecer como opcional a terceira fileira – com isso, a capacidade de passageiros aumentava para nove. A visibilidade era melhor que a antiga, devido à grande área envidraçada, e sua capacidade de carga era de 870 kg.

Com 5,34 m de comprimento, a Veraneio era a maior wagon fabricada no Brasil até aquele momento.

A nova Veraneio era oferecida em duas versões: Custom S e Custom De Luxe, e as diferenças entre elas estavam nos acessórios. A versão De Luxe vinha equipada com rodas e pneus especiais (mais largos), vidros verdes, para-brisa com degradê, desembaçador, carpete no assoalho e no compartimento de cargas (na S, o revestimento do compartimento era de borracha), luzes de cortesia nas quatro portas, limpador com temporizador, lavador elétrico do vidro da tampa traseira, luz de leitura de duplo foco no teto, sistema de alarme antifurto com sirene e painel de instrumentos mais completo (com relógio e voltímetro).

Por fora, a versão De Luxe vinha com para-choques na cor do veículo com proteção de borracha (na S, era somente cinza) e faixas decorativas opcionais nas laterais e na traseira. Ambas as versões tinham como opcionais trava elétrica nas quatro portas laterais, vidros elétricos, diferencial autoblocante Positraction, rádio AM/FM estéreo com alto-falantes e, finalmente, ar-condicionado, muito útil para as regiões de calor de nosso país.

Por causa de uma restrição legal que limitava o uso do diesel apenas a determinados veículos de transporte coletivo ou de carga, a Veraneio só seria fabricada inicialmente com motores de seis cilindros a etanol ou a gasolina. Esse tipo de motor, aliado ao câmbio de quatro marchas com boas relações, fazia da Veraneio um carro ligeiro no

O luxuoso interior da Bonanza Custom De Luxe.

trânsito. A alavanca ficava no assoalho. Todas as versões da picape tinham direção hidráulica, o que facilitava as manobras de estacionamento, algo especialmente importante em um veículo de tamanho avantajado.

A Bonanza, por possuir o chassi mais curto, tinha apenas duas portas e porta-malas menor que a Veraneio. Mas havia também semelhanças: os dois veículos eram idênticos na parte da frente e a picape de chassi curto também era vendida nas versões Custom S e Custom De Luxe.

Em 1991, mais uma vez a legislação sobre veículos a diesel alteraria o rumo das picapes Chevrolet. Anteriormente, só era aprovado motor a diesel em veículos cuja caçamba fosse isolada da cabine do motorista, mas, segundo as novas regras, versões tipo wagon poderiam ser equipadas com esse tipo de motor se tivessem capacidade de carga acima 1.000 kg. A GMB, então, prontamente equipou a Veraneio com o mesmo motor a diesel que era usado na picape D-20, com quatro cilindros, 3.971 cm^3 e 92 cv.

Apesar da notória economia trazida pelo motor a diesel, essa versão da Veraneio tinha duas desvantagens: a primeira era em relação ao desempenho, bem inferior ao das outras versões. A velocidade máxima era 124 km/h e o veículo demorava 36 s para atingir 100 km/h (no motor a gasolina, os valores eram, respectivamente, 142 km/h e 22 s). A outra desvantagem era o nível de ruído, bem maior no motor a diesel. Para o motorista que não abria mão do desempenho e do prazer em dirigir, as versões a etanol e a gasolina ainda eram as melhores opções.

CONCORRÊNCIA E EVOLUÇÃO

Durante os primeiros anos da nova linha de wagons, a ala de picapes da Chevrolet manteve-se com pouquíssimas mudanças, entre as quais destacam-se as novas faixas laterais (que mais uma vez mudavam de desenho) e as novas opções de rodas de luxo (iguais às da Veraneio e da Bonanza), ambas apresentadas em 1989.

Essa calmaria, contudo, não durou muito. Em 1992, a rival Ford realizou uma reestilização completa na F-1000 (sucessora da F-100, lançada em 1979), aproximando-a dos modelos norte-americanos. A resposta da GMB veio em seguida, não com mudanças cosméticas, mas sim com um novo motor a diesel, Maxion S4T turboalimentado de quatro cilindros, disponível para toda a linha. Para receber o turbo, esse motor contava com cabeçote, bloco, virabrequim, pistões e bielas novos.

Em 1989, as picapes ganharam novas faixas laterais e novas rodas.

A maior novidade, porém, foi uma nova bomba injetora de combustível com controle automático em baixas rotações – o que permitia uma sensível diminuição na emissão de fumaça. Além disso, a potência subia para 120 cv – desempenho bem superior ao dos modelos a diesel anteriores: a velocidade máxima passou para 140 km/h, e a aceleração de 0 a 100 km/h ocorria agora em apenas 20 s.

Outra novidade foi uma nova transmissão Clark de cinco velocidades que passou a equipar toda a linha, além da Bonanza e da Veraneio, com motores a álcool e gasolina. O novo câmbio permitia melhor aceleração e menor consumo de combustível na estrada, já que, em quinta marcha, o giro do motor era menor que no câmbio de quatro marchas na mesma velocidade.

Além da parte mecânica, as picapes ganharam estribos laterais iguais aos existentes na Bonanza e, na parte interna, bancos com apoio para a cabeça vazado, permitindo maior campo de visão para o motorista e, consequentemente, aumentando a segurança.

Em 1993, a série 10/20 recebeu a primeira (e única) reestilização, com faróis trapezoidais herdados do Opala e nova grade. Outra mudança ocorreu no painel, que foi redesenhado com o velocímetro e o conta-giros montados em único módulo retangular à frente do motorista.

A linha foi redesenhada em 1993, com faróis iguais aos do Opala e nova grade.

A picape D-20 El Camino, lançada em 1993, era a mais luxuosa da categoria na época.

Na parte mecânica, a novidade ficou por conta da exclusiva e útil válvula sensível ao peso, que controlava a pressão de aplicação dos freios em função da carga transportada. Esse mecanismo evitava o travamento dos freios traseiros quando o veículo estivesse sem carga, garantindo frenagens seguras independentemente da quantidade de peso carregada pelo veículo.

Ainda em 1993, a GMB lançou uma versão super luxuosa da série D-20 chamada El Camino, disponível com cabine simples ou dupla e quatro opções de motores: duas para os de seis cilindros (a etanol ou a gasolina) e duas para os de quatro cilindros a diesel (aspirado ou turbo). Visualmente, havia diferenças em relação a outras picapes da linha: os para-choques envolventes eram exclusivos e vinham acompanhados de molduras que envolviam as demais partes inferiores do modelo (incluindo as bordas dos para-lamas). Havia também faróis de neblina embutidos no para-choque, uma extensão de cabine (também conhecida como "santo-antônio") de belo efeito estético e rodas de liga leve com pneus radiais largos.

O acabamento interno era exclusivo e contava com vários itens de luxo e conforto, como o cobiçado "trio elétrico" (vidros, trava das portas e controle dos espelhos retrovisores), coluna de direção regulável, sistema de advertência sonora de lanternas ou faróis ligados e, por fim, direção hidráulica. As cores disponíveis eram: Branco Nepal, Preto Formal, Verde Marselha, Azul Munich e Vermelho Sigri.

As novidades do ano não pararam por aí: o segmento de utilitários da Chevrolet ganhou no segundo semestre os modelos Trafic e Conquest

93. A Trafic era um furgão argentino Renault (com opção de ambulância) que era produzido com motores 2.2 a gasolina ou diesel 2.1, ambos de quatro cilindros.

A Trafic era a única ambulância do Brasil equipada com duas macas, tinha compartimento para pacientes mais amplo que o das concorrentes e já saía de fábrica com suporte para soro e plasma fixado no teto, próximo às cabeceiras das macas, tendo também suporte duplo para tubo de oxigênio produzido de ferro com tratamento anticorrosivo.

A Conquest 93 era uma edição limitada da D-20 (com apenas 2.500 unidades) feita para comemorar a liderança da GMB no segmento. Tinha estilo jovem e agressivo e era acompanhada de diversos itens exclusivos, dos quais se destacavam as rodas especiais de cor prata, para-brisa laminado com degradê, capota do tipo marítima e faixa lateral com a palavra "Conquest". O motor era a diesel, podendo-se escolher entre aspirado ou turbo.

Nessa mesma época, a GMB via-se diante de um problema: o mau desempenho comercial da nova Veraneio, em nada lembrando os anos 1970, época em que ela chegou a vender até 4.500 veículos em um ano. Após a remodelação, suas vendas foram fracas: 796 unidades em 1989, 665 em 1990, 756 em 1991 e 908 veículos

Conquest 93, uma edição comemorativa da D-20. Apenas 2.500 unidades foram fabricadas.

em 1992. Assim, em 1994, a GMB decidiu tirá-la de linha após trinta anos no mercado brasileiro, encerrando a história de um veículo versátil, que aliava o conforto de um automóvel, o espaço de uma wagon e a capacidade de carga de uma picape.

Já o restante da série 10/20 demonstrava estabilidade e continuou no mercado sem grandes mudanças até 1997, quando a linha foi substituída pela Silverado, encerrando um ciclo de sucesso.

A MÁQUINA DO TEMPO

Odair Stamboni, hoje com 68 anos, começou sua vida como chofer de praça (nome usado na época para os motoristas de táxi), ajudando seu pai com uma DKW Vemag. No entanto, o veículo que realmente marcou sua vida profissional foi o Chevrolet Comercial 3100 de 1951 da Sociedade Alimentícia Lisboense, na qual realizava as entregas dos salgadinhos Fritex por toda a cidade de São Paulo.

Em 2006, ele encontrou um veículo idêntico à venda e em estado razoável e decidiu prestar uma homenagem à empresa em que trabalhou. Assim, fez uma restauração completa no Furgão baseada em uma antiga fotografia que tinha guardada: pintou-o com as cores (verde e bege) e o slogan da empresa, inclusive com os telefones originais.

Hoje, Odair participa de eventos de veículos antigos por todo o Brasil e, com muito orgulho, exibe a sua "Máquina do tempo". Nela, ele se transporta para a época em que sua companheira de trabalho o ajudou a sustentar as filhas e construir seu patrimônio. Fã da marca Chevrolet, o sr. Odair possui ainda um Chevrolet 1939 sedã e outro exemplar de 1933, que pertenceu ao acervo da General Motors do Brasil. Orgulhoso, ele conta: "No documento diz o dono anterior: General Motors".

Trabalhei com o furgão de 1969 a 1974. O carro-chefe era a batata frita da Fritex, mas entregávamos diversos salgadinhos de amendoim, principalmente nos Supermercados Peg e Pag e Eletroradiobraz, que não existem mais, e o robusto Chevrolet era confiável e nunca nos deixou na mão.

Odair Stamboni

Capítulo 6

A ÚLTIMA PICAPE GRANDE

CHEVROLET SILVERADO (1997-2002)

SUBSTITUIÇÃO DA SÉRIE 20

Lançada em 1981 nos Estados Unidos, onde ficou conhecida como C/K Series, a linha Silverado chegou ao Brasil com a missão de substituir a série 20. Com estilo americano e muito conforto, ela viria a conquistar o título de "Picape do Ano" já em 1997, no ano de seu lançamento no Brasil.

Parte de um empreendimento internacional, a Silverado era produzida na fábrica da General Motors em Córdoba, na Argentina, e chegava aqui pelo acordo do Mercosul, firmado para facilitar o comércio entre os países-membros na América do Sul. Com o mesmo tamanho, porte e estilo das picapes americanas (full size), ela apresentava algumas características e diferenças para adequar o produto ao mercado sul-americano, tanto na aparência como na motorização.

Apresentada em duas versões de acabamento (Standard e DLX) e apenas com cabine simples (a GM estudou adicionar variações como a cabine

estendida e cabine dupla, mas nunca o fez), a Silverado era um veículo imponente, com desenho moderno e itens de conforto e conveniência oferecidos apenas em similares importados. O modelo brasileiro também oferecia excelente ergonomia, elevado nível de acabamento e novo chassi que reproduzia a robustez de seus antecessores da série 20.

As modificações em relação ao modelo americano foram essencialmente nos conjuntos óticos dianteiro e traseiro, devido às diferenças de legislação entre os códigos de trânsito. Os faróis, que no modelo americano eram do tipo "Sealed Beam", tiveram de ser redesenhados, assim como os piscas, as lanternas e terceira luz de freio. A lanterna traseira americana é totalmente vermelha, e a brasileira tem aplicações nas cores âmbar (para o pisca) e branca (para a luz de ré). A terceira luz de freio, ou "brake-light", que no modelo de origem era branco (para iluminar a caçamba), ficou vermelha. Outras mudanças foram na grade do vidro traseiro, no bocal do tanque de combustível (passado da esquerda para a direita, posição costumeira no Brasil) e no estribo, além da inclusão de novas rodas e outro grafismo dos emblemas. Seguindo uma

Moderna e imponente, a Silverado foi lançada em 1997, com a difícil missão de substituir a série 10/20. O modelo DLX, o mais luxuoso, vinha com para-choques e grade cromados, frisos laterais e rodas de liga leve.

tendência do design moderno, a Silverado não possuía quebra-vento.

No modelo DLX, destacava-se a imensa grade cromada com quatro faróis e o para-choque, também cromado, com spoiler integrado. Os frisos laterais e as rodas de liga leve tinham desenho exclusivo. No modelo Standard, a grade e os para-choques eram pintados de preto, não havia frisos laterais e as rodas eram de ferro.

Existiam três opções de motor: Powertech a gasolina de seis cilindros em linha com injeção eletrônica multiponto (MPFI), 4.100 cm^3 e 138 cv de potência – o mesmo motor que equipava o Ômega nacional; Maxion S4 a diesel aspirado de quatro cilindros com 4.100 cm^3 e 88 cv – anteriormente usado na D-20; ou a grande novidade da época: o moderno motor a diesel MWM Sprint 6.07T Turbo High Speed, de seis cilindros e alta rotação, com 4.200cm^3 e 168 cv.

O motor Sprint apresentava diversas tecnologias de ponta, como comando de válvulas no cabeçote, três válvulas por cilindro (duas de admissão e uma de escape) e turboalimentação. Mas a inovação mais importante foi o cabeçote de fluxo cruzado, que reduzia o consumo e as emissões e se comportava com a mesma elasticidade de um motor a gasolina, atingindo altas rotaçõe e baixo nível de ruído e vibração (dois problemas comuns nos motores a diesel). A tecnologia era tão avançada

O belo e completo painel da Silverado.

que, naquela época, o motor já era capaz de atender a limites de emissões de poluentes que seriam instituídos três anos depois.

Os números de desempenho da Silverado equipada com o motor Sprint eram surpreendentes, acelerava de 0 a 100 km/h em 15 s e atingia a velocidade máxima de 168 km/h, superando inclusive o potente motor a gasolina.

A modernidade mecânica não se limitava ao motor: os freios – a disco nas rodas dianteiras e a tambor nas traseiras – contavam com sistema antitravamento (ABS) na parte de trás como item de série, havendo também a opção de freio ABS total. O sistema de frenagem era eficiente e bem dimensionado para o veículo, mesmo quando estava carregado. O freio de estacionamento era acionado por pedal, ao estilo americano. A direção hidráulica era item de série, convencional no modelo Standard e de ação progressiva Servotronic (variando em função da velocidade) no modelo DLX.

A picape também se destacava na suspensão, que era independente, com braços inferior e superior de comprimentos diferentes, que oferecia firmeza e conforto ao absorver as irregularidades do piso. As molas helicoidais e os amortecedores hidráulicos apresentavam calibração correspondente ao peso do motor utilizado e a suspensão traseira tinha eixo rígido ligado ao chassi por feixe de molas de duplo estágio.

O interior da cabine dava a impressão de se estar não em um utilitário bruto, mas sim em um carro grande com vários itens de conforto e conveniência. O conjunto de instrumentos era bem completo: o ar-condicionado com temperaturas quentes e frias e comando de recirculação do ar interno, limpador de para-brisa com temporizador, vidros e travas elétricos, dois conjuntos de porta-copos e dois pontos de tomada 12 V. A vedação da cabine também era digna de nota, não permitindo ruídos ou a entrada de poeira. As portas vinham com barras de proteção laterais, importantes em caso de acidente.

GMC 3500 HD, GRAND BLAZER E SILVERADO D-20

NOVOS MODELOS

Uma nova versão, denominada GMC 3500 HD (de "Heavy Duty"), com maior capacidade de carga, foi apresentada para concorrer com a Ford F-250 (que utilizava o mesmo motor MWM da Silverado). Com acabamento mais simples, suspensão reforçada

e capacidade de carga de 1.520 kg (a da Silverado normal era 1.100 kg), assemelhava-se mais a um caminhão leve do que a uma picape. Era inclusive necessário ter carteira de habilitação na classe "C" (categoria de caminhões) para dirigir a 3500 HD.

Em 1999, paralelamente à Silverado, a GMB tentou introduzir outro SUV: a Grand Blazer, derivada do modelo americano Chevrolet Suburban. Era fabricada na Argentina, com 5,05 m de comprimento, 2,22 m de largura e 1,92 m de altura. Os níveis

A partir de 2001, a picape foi renomeada Silverado D-20, com motor a diesel turboalimentado.

de acabamento e conforto eram surpreendentes, assim como o silêncio e a maciez ao rodar. O imenso porta-malas tinha capacidade de 1.550 litros. Utilizava os mesmos motores e demais componentes da Silverado, oferecendo a versão a gasolina com 4.100 cm^3, MPFI e 138 cv ou o Turbodiesel MWM de 4.200 cm^3 e 168 cv.

Em 2000, a linha Silverado ficou ausente no mercado nacional e retornou apenas no ano seguinte, então fabricada em São José dos Campos e incorporando o sobrenome da consagrada série D-20, rebatizada de Silverado D-20.

Em janeiro de 2002, a Silverado D-20 deixou de ser fabricada, tornando-se o último modelo daquele porte feito pela GMB, que havia decidido suspender a produção como parte de uma reestruturação que também desativou a linha de produção dos caminhões GMC depois de 44 anos. Outro motivo para a descontinuação da Silverado foi seu fraco desempenho nas vendas – no ano de 2001, foram comercializadas apenas 1.858 unidades da picape.

A Grand Blazer deixou de ser fabricada quase na mesma época. Seu preço elevado na versão Turbodiesel (a mais desejada) e a falta da opção de sete lugares, disponível em modelos concorrentes, contribuíram para o fim prematuro.

UMA VIDA ENTRE CARROS

A ligação de Jeronimo Ardito, um simpático empresário da área de transportes, com a marca Chevrolet começou nos anos 1950, quando seu pai trabalhava como feirante. O patrão dele transportava os alimentos em um velho Chevrolet Gigante 1941. Em 1953, quando tinha 14 anos, seu pai adquiriu uma barraca própria, comprando também um Chevrolet Gigante 1946, parecido com o do seu ex-patrão. Algum tempo depois, o velho Chevrolet foi substituído por um caminhão de outra marca mais moderno, porém a experiência não foi das melhores. A situação só foi resolvida quando seu pai voltou a dirigir um Chevrolet, dessa vez um modelo "boca de sapo" 1951.

Em 1962, já adulto, Jeronimo adquiriu um Chevrolet táxi ano 1947, que foi trocado três anos depois por um ônibus Chevrolet Coach 1954. Sua mecânica simples e de fácil manutenção possibilitou que o veículo trabalhasse durante muitos anos no transporte de pessoas, ajudando Jeronimo a, aos poucos, aumentar sua frota para sete ônibus, todos Chevrolet.

Em janeiro de 1968, foi inaugurada oficialmente a empresa Viação Santa Rita, mesmo ano em que a frota Chevrolet de Jeronimo começou a ganhar a companhia de veículos de outras marcas. "Mas só porque o motor a diesel era mais econômico e na época a Chevrolet só tinha motor a gasolina para ônibus urbanos." O ônibus Chevrolet 1954 então ganhou uma merecida aposentadoria, passando por uma completa restauração, e até hoje tem lugar de destaque no acervo histórico da empresa.

Em 1974, Jeronimo adquiriu sua primeira picape, um Chevrolet 3100 "Marta Rocha" modelo 1955, que serviu de veículo de apoio da empresa, trabalhando por muitos anos ininterruptamente, até se aposentar na metade dos anos 1980. Em 1990, a picape foi meticulosamente restaurada, num processo que durou três anos. Depois de pronta, ela ganhou vários prêmios em diversos encontros de veículos antigos, e ainda faz parte do acervo do sr. Jeronimo. Hoje, o acervo da empresa tem, entre outros veículos, uma Chevrolet D-10 1984 restaurada e conta com o apoio de uma picape Chevrolet Montana 1.8, ainda sem previsão de aposentadoria.

Minha admiração pela marca Chevrolet se iniciou quando meu pai comprou seu primeiro caminhão. O valente nunca nos deixou na mão. Jamais perdemos uma feira por problemas mecânicos, apesar de a jornada começar diariamente às 2 horas da manhã, transportando a mercadoria do mercado até a feira, distância que muitas vezes era bem grande. Era a mesma coisa que acontecia com os meus ônibus, que trabalhavam com valentia e raramente davam problemas, era só manter a manutenção em dia que eles davam conta do recado.

Jeronimo Ardito

Capítulo 7

AS PICAPES DERIVADAS

CHEVY 500 (1983-1995)

ORIGENS

A picape Chevy 500 se originou a partir do Chevette, que foi o segundo carro de passeio da GMB (o primeiro foi o Opala em 1968) e nasceu em 1973 com a missão de destronar o então campeão de vendas, o Volkswagen Fusca. Em toda a sua trajetória, a linha Chevette ficou conhecida por sua grande variação de versões e modelos.

Nos primeiros anos, seria difícil imaginar o pequeno Chevrolet como uma picape. As variações e atualizações do veículo traziam luxo e versões esportivas, mas nada que demonstrasse potencial para um veículo de carga – inclusive, uma das versões, o Chevette Hatch, diminuía ainda mais a carroceria do modelo original.

Isso começou a mudar em 1981, com a versão wagon, chamada Marajó, muito bem-aceita no mercado. Dois anos depois, em 1983, surgiu enfim a picape Chevy 500, que veio acompanhada de uma grande reestilização dos veículos Chevette – a segunda e maior que a linha teve –, trazendo frente e traseira novas, painel mais moderno, espelhos retrovisores integrados às portas e ainda motor 1.6, com versões movidas a álcool ou a gasolina.

À esquerda: o Chevette, lançado em 1973, nasceu para concorrer com o Fusca.
À direita: o Chevette Hatch, lançado em 1980.

A nova carroceria, claramente inspirada no Chevrolet Monza, logo foi conhecida como "Monzinha". O novo desenho do capô tornava a frente mais baixa e suavemente inclinada. Apresentava também novo conjunto óptico com faróis retangulares e lanternas envolventes integradas. A grade foi redesenhada, passando a ser fabricada com material plástico, e vinha com o símbolo da Chevrolet centralizado. Os novos para-choques tinham polainas de plástico nas extremidades, que invadiam a lateral (estilo comum nos anos 1980). Já a traseira também ganhou novas lanternas.

Mas a grande novidade da linha 1983 continuava sendo a Chevy 500, aguardada ansiosamente pelos admiradores do Chevette e criada para concorrer com os modelos de picapes derivadas de automóveis já presentes em nosso mercado, como a Fiat City (derivada do 147), a Ford Pampa (derivada do Corcel II) e a Volkswagen Saveiro (derivada do Gol). Na época, esse segmento havia conquistado um grande número de compradores, já que os veículos podiam ser usados tanto para pequenas cargas como para passeio. Na campanha publicitária de lançamento, o jingle era a canção "Eu sou Chevy" – versão do sucesso "Eu sou boy", do grupo Magazine, cantado pelo saudoso roqueiro Kid Vinil.

Como os outros modelos da linha Chevette, a Chevy 500 tinha a versão SL (Super Luxo) e a básica, além de opcionais como ar quente, vidros verdes, espelho retrovisor com controle interno, rádio, câmbio de cinco marchas, temporizador e lavador elétrico de para-brisa e ignição eletrônica.

A plataforma era a mesma do Chevette e da Marajó e, portanto, oferecia o mesmo conforto deles. A suspensão traseira do Chevette tinha fixações diferentes da Marajó/Hatch e Chevy 500. O estepe atrás do banco limitava a reclinagem do encosto, além de tirar o espaço de pequenos objetos dentro da cabine. A vantagem desse posicionamento era que protegia mais o estepe, dificultando o furto da roda e do pneu.

Chevy 500 1983, já com o novo visual da remodelação da linha Chevette. Na foto, o modelo SL.

A Chevy 500 obteve grande êxito entre os jovens e casais sem filhos (principais consumidores desse segmento) e foi muito procurada no mercado nacional por ser a única picape derivada de carro pequeno com tração traseira. Por ser ágil e econômica, também atendia às necessidades do pequeno empresário. O assoalho da caçamba, devido ao eixo cardã e ao eixo motriz, era um pouco alto – tinha 43 cm de altura –, mas isso se revelou uma vantagem na hora de manusear a carga, além de permitir o uso da suspensão traseira por molas helicoidais do Chevette, uma das razões do conforto excepcional oferecido pelo utilitário da GMB (a Ford Pampa, por exemplo, usava feixes de mola). Para ganhar ainda mais mercado, a GMB também oferecia a Chevy 500 em versão furgão, com carroceria de fibra de vidro fechada na caçamba.

Por dentro, a Chevy 500 vinha com as mesmas novidades da linha reestilizada. O painel era novo, com linhas mais retas que seguiam a moda na época. O volante com dois raios e formato de V invertido lembrava o do Opala, os bancos eram anatômicos, as maçanetas das portas eram embutidas e o mecanismo de manivela dos vidros exigia poucas voltas.

Toda a mecânica da Chevy 500 era idêntica à do Chevette. O ano do seu lançamento coincidiu com a apresentação do motor a álcool 1.600 cm^3, disponível para toda a linha, substituindo o antigo motor de 1.400 cm^3. O novo motor desenvolvia 79 cv (10 cv a mais que nos motores de 1982) e tinha sistema de partida a frio simplificado. Esse motor inédito apresentava mais eficiência e partidas mais rápidas devido à câmara de combustão de chama rápida (efeito ciclone), também presente nos motores a gasolina de 1983. O duto de admissão forçava o ar e o combustível misturados a percorrerem um trajeto espiralado em torno da válvula de admissão, aumentando a turbulência. Assim, a mistura se tornava mais homogênea e entrava na câmara de combustão com maior velocidade, facilitando a queima. Já o motor a gasolina apresentava as opções de 1.400 cm^3 ou 1.600 cm^3.

Na traseira, o emblema "1.6" ostentava o novo motor a álcool lançado junto com o modelo Chevy.

Na prática, com esse novo motor a álcool, a Chevy 500 ganhava em desempenho – com a velocidade máxima próxima a 150 km/h e aceleração, de 0 a 100 km/h em 16 s – e economia – principalmente quando equipada com o câmbio opcional de cinco marchas, resultando em consumo médio de 8 km/litro na cidade e 11 km/litro na estrada.

Os freios eram a tambor nas rodas traseiras e a disco nas rodas dianteiras, dando conta do recado mesmo com a picape carregada. A estabilidade era boa, e por se tratar de uma picape, tendia a sair de traseira em curvas de maior velocidade, mas isso não era inconveniente, e sim diversão para quem gostava de uma condução mais esportiva.

EVOLUÇÃO DO MODELO

Em 1985, a Chevy 500 ganhou algumas unidades com câmbio automático, e no ano seguinte com ar-condicionado, mas não chegaram efetivamente a ser produzidas.

Ainda em 1986, acontece um fato inusitado: as picapes pequenas sofreram aquecimento nas vendas, efeito colateral do Plano Cruzado, instituído em 28 de fevereiro. O plano estabelecia o congelamento de preços, o que inicialmente interrompeu a inflação e causou queda na taxa de juros, resultando em uma febre consumista sem precedentes.

Como a demanda era maior que a oferta de mercadorias, o ágio e o desabastecimento começaram

Com o Plano Cruzado, de 1986, as vendas da Chevy 500 cresceram pelo fato de o veículo estar livre do empréstimo compulsório.

a fragilizar o plano, e o governo respondeu criando um novo imposto: o empréstimo compulsório, que era da ordem de 30% para veículos e combustíveis.

O imposto, porém, só se aplicava a carros de passageiros, não a utilitários. Assim, as vendas da Chevy 500, cujo prazo de entrega nas concessionárias chegou a ser de dez meses, aumentaram para cerca de 32.000 unidades naquele ano.

Em 1987, a Chevy ganhou pequeno *facelift*. A grade na dianteira era nova e mais saliente, o painel inferior foi modificado (agora com tomadas de ar maiores), os para-choques passaram a ser de plástico preto, com alma (reforço interno de aço) metálica, que na versão mais luxuosa vinham com um friso cromado na parte superior.

Em 1987, a Chevy 500 ganhou uma grade mais saliente.

Em 1988, a versão SL passou a ser a mais básica, e a mais luxuosa agora tinha a sigla SL/E, com adesivos laterais e grafismos em cores alegres e vibrantes como azul, vermelho e rosa, aderindo ao estilo "New Wave" da década de 1980.

Naquele mesmo ano, surgiu o motor 1.6/S. Nesse motor, o comando de válvulas, pistões, pinos e bielas foram reprojetados, ficando no geral mais leves. Anéis mais finos reduziram as perdas por atrito, resultando em acelerações mais rápidas. O novo motor marcou ainda o retorno do carburador de corpo duplo, utilizado nos modelos a álcool do Chevette entre 1980 e 1983. Com a mudança na carburação (que era de duplo estágio: a segunda fase só entrava em funcionamento quando necessário, evitando o desperdício de combustível), ocorreu aumento no torque em baixas rotações. A curva do avanço do distribuidor foi modificada e, para não ocorrerem problemas relativos à durabilidade do motor, a engenharia da GMB redimensionou as bronzinas, o sistema de lubrificação e as galerias de óleo do motor. O motor 1.6/S desenvolvia 82 cv a 5.200 rpm na versão a álcool, a mesma potência, inclusive, do motor 151 quatro-cilindros do Opala.

Na prática, o motor 1.6/S deixava a Chevy 500 mais "nervosa". A velocidade máxima subiu para 155 km/h e a aceleração de 0 a 100 km/h passou a ser em 12,5 s. Na tampa traseira, do lado direito, um emblema "1.6/S" indicava o novo motor.

O SL/E, novo modelo de luxo, tinha adesivos coloridos nas laterais.

Nenhuma novidade foi apresentada em 1989, e em 1990 a única alteração na Chevy 500 foram as rodas, que ganharam novos desenhos. Em 1991, toda a linha Chevette passou a ser disponível em apenas uma versão: a DL, mais completa que a SL, mas mais simples que a SL/E.

O Chevette deixou de ser fabricado em 1993, mas a produção da Chevy 500 foi mantida, e inclusive ganhou uma série especial, chamada de Chevy Camping, com produção limitada em 1.650 unidades e destinada principalmente ao público jovem. Apresentava resistência, economia e praticidade, aspectos fundamentais na opinião de compradores de picapes pequenas segundo uma pesquisa realizada pela própria GMB.

A Chevy Camping, disponível apenas na cor Branco Nepal, vinha com câmbio de cinco marchas, motor 1.6 (ou a álcool ou a gasolina), rodas pintadas de branco, capota marítima, tecidos

A partir de 1988, o motor conhecido como 1.6S, devidamente identificado com um emblema na traseira, tornou a picape mais potente.

A CHEVY 500 MOVIDA A ÓLEO DE COZINHA

Em 1988, o Grupo Garavelo e a Elsbett Máquinas e Motores montaram uma Chevy 500 com o motor Elko desenvolvido na Alemanha, pela fundação Elsbett Konstruktion. O Elko tinha três cilindros em linha, turbocompressor, intercooler, 1.456 cm^3, 82 cv de potência e um combustível muito peculiar: óleo vegetal.

O propulsor, feito em liga de ferro, podia trabalhar acima de 1.000 °C (temperatura superior, inclusive, à das tradicionais unidades a diesel) e queimava qualquer tipo de óleo. Contava com pistões divididos em duas peças (com cabeças de ferro e saias de alumínio) e buracos que agiam como câmaras de combustão. Rodando a 60 km/h, a Chevy 500 Elko era capaz de fazer 28 km/litro alimentada com óleo de cozinha (óleo de soja) ou diesel. Mas o piloto Eugênio Martins, que havia trazido o projeto do Elko para o Brasil quando era sócio e engenheiro da Puma, dizia ter direito de exclusividade sobre o motor, iniciando um impasse que desencorajou a continuidade do projeto, cancelado sem alarde.

exclusivos dos bancos e, por fim, faixas adesivas com o nome da série na tampa traseira e na lateral do carro. Como opcional, era oferecido o espelho retrovisor externo do lado direito (que ainda não era item obrigatório por lei).

A fabricação da Chevy 500 durou até 1995, ano em que foi substituída pela versão picape do Corsa, projeto que, apesar de descontinuar o modelo, herdou seu conceito de adaptar um carro menor para que se tornasse um utilitário leve.

A PICAPE CORSA (1995-2003)

UM PROJETO OUSADO

Diferentemente do Chevette, que foi lançado no Brasil dez anos antes do surgimento da Chevy 500, a história do Corsa brasileiro começa apenas um ano antes de sua versão picape. Baseado no alemão Opel Corsa B (criado em 1983 e remodelado em 1993) e pensado para entrar no crescente segmento de carros com motor de 1.000 cm³ (que já contava com os agora clássicos Fiat Uno Mille, Ford Escort e Volkswagen Gol), o Chevrolet Corsa foi lançado no Brasil em 1994, e seu sucesso imediato logo fez a GMB buscar formas de expandir a linha, movimento que começou já no mesmo ano, com uma versão de luxo (GL) e em outubro, o esportivo GSi.

Em 1995 foi a vez da apresentação da picape Corsa, que tomou o lugar da Chevy 500. A distância entre-eixos foi aumentada em 37 mm, e a suspensão traseira foi reforçada, em relação ao Corsa Hatch, para aumentar a capacidade de carga.

Apesar de ser a adaptação de um modelo já existente, o veículo foi fruto de um projeto ambicioso, já que a picape tinha desenho 100% brasileiro (situação criada pela necessidade: não havia modelos de picape para o Corsa em nenhum lugar do mundo). A intenção da GMB era entrar forte nessa categoria de grande público, fazendo frente às concorrentes Fiorino, Saveiro e Pampa.

Assim, a partir de um esboço feito em 1992 (desde antes do lançamento, a GMB já estudava possíveis variações do Corsa, antecipando corretamente o sucesso do veículo no Brasil) foi aprovado o projeto e, no início de 1994, o desenvolvimento da nova picape ocorreu em tempo recorde, e o protótipo do veículo percorreu milhares de quilômetros no Campo de Provas de Cruz Alta, em Indaiatuba (SP).

A partir de março de 1995, foram realizados também testes em estradas, sempre partindo do CPCA

AS PICAPES DERIVADAS **115**

Corsa Wind 1.0, lançado em 1994: um enorme sucesso de mercado que possibilitou a criação de uma grande "família" a partir dele.

Picape Corsa: confortável, econômica e com boa capacidade de carga, podia transportar 945 litros e 575 kg de carga.

Interior da picape Corsa.

(Campo de Provas de Cruz Alta). Aconteceram longas viagens da avaliação para Angra dos Reis (sul do litoral do Rio de Janeiro), Campos do Jordão (no trecho paulista da Serra da Mantiqueira) e São José do Rio Preto (região norte do Estado de São Paulo). Nesses percursos, a equipe da GMB pôde acompanhar a reação dos veículos em diferentes altitudes, temperaturas e condições (como estradas de terra e asfaltadas, subidas e descidas etc.). Assim, em um ano e meio de trabalho intenso e testes rigorosos, o novo veículo ficou pronto para ser produzido nas linhas de montagem de São José dos Campos em junho de 1995. Na fábrica, a picape usava a mesma linha de montagem do Corsa. Apenas as laterais, o assoalho e a tampa traseira da caçamba possuíam células próprias de produção.

Do banco para a frente, a picape era idêntica aos outros modelos da linha, mas o restante era obra dos engenheiros brasileiros, que desenharam uma caçamba com linhas bem arredondadas e harmoniosas, mantendo o padrão da linha. O para-choque traseiro tinha a borda interna reta, permitindo a abertura da tampa em até 90 graus.

A distância entre-eixos era de 2,47 m, o comprimento era de 4,1 m, a altura era de 1,49 m (4 mm mais alta que a versão normal do Corsa, devido ao reforço da suspensão para suportar maior peso) e a largura era de 1,29 m (cerca de 8 mm mais larga que outros modelos da linha, devido à caçamba ligeiramente mais "gorda"). Outra particularidade do modelo era a bitola traseira, de 1,427 m, sendo de 1,388 m nas outras versões. Com volume de 945 litros e capacidade de carga de 575 kg, incluindo o peso do motorista e do acompanhante, a picape mostrou ter as medidas certas para cumprir sua função.

O motor instalado na picape Corsa era o 1.6 movido a gasolina (até então só existia o 1.0 e 1.4 na linha Corsa) equipado com injeção eletrônica de combustível EFI (monoponto) cuja concepção era idêntica à dos utilizados pela Opel no Astra e no Vectra europeus, mas com regulagens adaptadas para que pudesse rodar melhor nas condições brasileiras. O motor desenvolvia 79 cv de potência, tinha velocidade máxima de 156 km/h e acelerava

Picape Corsa, lançada em 1995, era a substituta da Chevy 500.

de 0 a 100 km/h em 13,6 s. Para que o veículo suportasse mais peso, a suspensão contava com reforços na dianteira e molas semielípticas e amortecedores telescópicos hidráulicos complementares na traseira.

Inicialmente, a única versão era a GL, com bancos individuais, apoio para a cabeça vazado e ajustável, cinto de segurança de três pontos com regulagem de altura, vidro traseiro fixo com grade de proteção e para-brisa laminado dégradé.

Havia também uma vasta lista de opcionais oferecidos: travas elétricas das portas, alarme antifurto, vidros elétricos, banco do motorista com regulagem de altura, sistema de advertência sonoro de faróis e lanternas ligados, direção hidráulica, ar-condicionado, rádio AM/FM, rodas de alumínio (as normais eram de aço estampado), pintura metálica de dupla camada e pintura perolizada.

Houve alguns aspectos do veículo que com o tempo foram revistos: a colocação do estepe atrás do banco do passageiro (o que dificultava a troca); a ausência do conta-giros no painel (um item importante para um veículo de desempenho mais esportivo); e, finalmente, a ventilação interna menos eficiente, mesmo com as janelas abertas (isso ocorria porque o vidro traseiro era fixo, dificultando a circulação de ar nos veículos que não tinham ar-condicionado).

Apesar disso, a modernidade trazida ao mercado pela picape Corsa garantiu a boa aceitação, e o sucesso foi suficiente para garantir a exportação do modelo: os Estados Unidos e a Europa compravam o veículo já pronto, enquanto outros países sul-americanos o produziam em regime CKD com peças de fabricação brasileira.

PICAPE CORSA CHAMP

Em 1998, a GMB resgatou sua consagrada estratégia de marketing de criar edições limitadas lançando a série Champ 98 para os veículos Corsa Wind, S10 e picape Corsa. Essa série (que fazia referência à Copa do Mundo de Futebol, cuja edição de 1998, na França, tinha a GM como uma das patrocinadoras oficiais) era caracterizada pela inscrição "Champ 98" e o logotipo da Copa do Mundo nos veículos.

Picape Corsa Champ 98.

Em 1999, a linha Corsa ganhou uma pequena renovação visual na dianteira, com destaque ao novo para-choque.

A picape Corsa Champ 98 vinha de fábrica com ar-condicionado, direção hidráulica, pintura metálica de dupla camada (as únicas opções de cores eram Azul Riviera e Verde West), rádio AM/FM com toca-fitas, mostrador digital com relógio, calendário e termômetro de temperatura externa. O motor era o consolidado PowerTech 1.6 a gasolina, com injeção multiponto MPFI e saudáveis 92 cv de potência.

Outros itens de série do modelo eram a terceira luz de freio, o sistema de iluminação do motor por meio de chave com transponder, alarme antifurto, rodas de alumínio aro 13 e controle elétrico de travas e vidros elétricos. Os para-choques, maçanetas das portas, capas dos espelhos retrovisores externos e moldura das aberturas das rodas eram da mesma cor da carroceria. Havia também barras de proteção no teto e apoio para carga, barras plásticas de proteção nas bordas da caçamba e da tampa traseira e tapete de borracha no assoalho da caçamba.

Em 1999, a picape, assim como o restante da linha Corsa, ganhou um pequeno retoque na

Picape Corsa Sport: estilo jovem e ousado apresentado em 2002.

dianteira, com novo para-choque dianteiro, entradas de ar maiores, capô com dois vincos laterais e grade redesenhada. O resultado conferia visual mais esportivo ao carro.

Uma nova série especial nasceu em 2001. Abrangendo as três picapes GMB da época (Corsa, S10 e Silverado), a série chamada "Rodeio" chegou para, segundo a Chevrolet, reforçar a presença da marca no segmento.

A série Rodeio melhorou a relação custo-benefício com a incorporação de itens para melhorar a aparência e o conforto por um preço promocional, além de consolidar sua liderança nas vendas da picape Corsa. Os detalhes de aparência externa eram as faixas laterais douradas, adornadas com um cavalo empinando, montado por um peão, e emblema traseiro com os dizeres "Pick-up Rodeio Limited Edition", que remetiam ao ambiente *country*.

Em 2002, a linha Corsa ganhou novas cores metálicas e a picape, uma nova versão Sport, que, além do estilo mais jovem e ousado, vinha de fábrica com direção hidráulica, rodas de alumínio redesenhadas, faróis de neblina no para-choque, vidro da janela traseira corrediço e escurecido, porta-objetos sob o porta-luvas, revestimento interno em tecido de qualidade superior e o emblema "Sport" nas duas colunas laterais. Naquele mesmo ano, a versão mais barata da picape Corsa foi renomeada de Corsa ST.

A segunda modernização do veículo ocorreu no modelo 2003, dessa vez com mudanças maiores, começando pela distância entre-eixos, aumentada em 50 mm, deixando o veículo 93 mm maior no comprimento e 20 mm maior na largura, o que por sua vez resultava em mais espaço interno. A traseira ganhou lanternas maiores e a frente vinha com novos faróis, para-choque e capô. Com isso, o carro passou a exibir visual mais belo e moderno. Internamente, o acabamento foi melhorado, além de novo painel e volante redesenhado. Curiosamente, foi nesse ano que apareceu o Classic, que passou a ser a versão mais simples do sedã. A partir de então, o consumidor poderia optar por comprar Corsa Sedan com carroceria nova, ou o Classic (mais barato) com a carroceria antiga. Porém, a picape Corsa não ganhou essa remodelação visual, ficando, junto com o Classic, oferecida apenas com a carroceria antiga.

No entanto, no final de 2003, a GMB apresentou a picape reestilizada, agora sob o nome Montana. A partir de então, a antiga picape Corsa 1.6 MPFI deixou de ser vendida no Brasil, mas continuou a ser produzida apenas para exportação. O restante da linha Corsa, porém, permaneceu no mercado até 2012, sendo substituído pelo Chevrolet Onix. Já a Classic resistiu bravamente no mercado até 2016.

A CHEVROLET MONTANA

Como vimos anteriormente, a Montana surgiu a partir de uma modernização da picape Corsa, ganhando cabine maior e mais confortável que sua antecessora. A reformulação buscava manter a picape competitiva diante de seus concorrentes da época: Saveiro, Ford Courier e Fiat Strada (derivada do Palio).

Inicialmente, a Montana foi apresentada em três versões: básica, Sport e Off Road, sendo que essa última tinha para-choque dianteiro exclusivo, com quebra-mato que sustentava dois faróis auxiliares e estribos laterais. Além disso, os faróis vinham com moldura escurecedora que acompanhava o formato dos refletores.

Na tampa traseira, o tradicional "Chevrolet" por extenso foi substituído por um logotipo prateado da marca. As lanternas traseiras eram novas, com dois círculos – no mais alto ficavam a lanterna e a luz de freio, no outro, o pisca e a luz de ré. Na lateral do carro havia uma novidade: o chamado step side, uma espécie de degrau instalado perto do para-lama, ajudando o acesso lateral à caçamba (que ficava a aproximadamente 55 cm do solo). A dianteira era igual à do Corsa reestilizado, fazendo lembrar a origem derivada da picape.

A distância entre-eixos era maior do que na antiga picape Corsa, sendo agora de 2,71 m. No total, a carroceria estava 370 mm maior que a anterior. Como consequência, a Montana estava mais confortável e com maior capacidade de carga. No interior, havia um espaço atrás do banco, suficiente para pequenos objetos ou mochilas. A caçamba também era um dos seus pontos fortes, considerada a maior da categoria, com capacidade de 1.143 litros e 735 kg. Para proteger a pintura, o comprador podia equipá-la com um protetor plástico (item opcional).

Seus bancos eram tão confortáveis quanto os do Corsa, sendo que a versão off-road tinha regulagem

No fim de 2003, a picape Corsa remodelada recebeu o nome de Montana. Na frente, a versão off-road.

de altura no banco do motorista. O painel de instrumentos, também similar ao do carro compacto, era completo: havia dois marcadores principais – o velocímetro à direita e o conta-giros à esquerda – e dois menores – marcador da temperatura do motor e marcador do nível de combustível.

O motor da Montana, de quatro cilindros e 1.796 cm^3 (1.8), contava com a tecnologia flex, inédita nos veículos Chevrolet. A versão em questão era similar ao bicombustível que equipava o Corsa, com um pequeno ajuste no diferencial (reduzindo-o de 3,94:1 para 4,19:1), que sacrificava um pouco de velocidade para garantir a tração e a força adequadas a uma picape. Apesar desse ajuste, o 1.8 (que apresentava 109 cv de potência) conseguia garantir ótimo desempenho. A velocidade máxima era de aproximadamente 164 km/h, e a aceleração de 0 a 100 km/h era feita em apenas 12,3 s.

A suspensão da frente manteve-se a mesma da antiga picape Corsa, porém agora com molas e amortecedores com calibragem mais rígida, mais de acordo com a proposta do veículo. A traseira, que recebia o maior peso quando carregada, era do tipo semi-independente, utilizando um eixo de torção com dois braços de controle, e molas helicoidais mais duras. O resultado era uma grande estabilidade e mais facilidade nas curvas. Quem dirigisse a Montana se sentia confortável e seguro como se estivesse em um automóvel de passeio.

Os freios eram adequados à proposta do modelo, mesmo com a picape totalmente carregada. Na frente, utilizava disco ventilado e, na traseira, tambor. Como opcional, o comprador podia equipar a Montana com a segurança adicional dos freios ABS.

Para conquistar mais clientes, a GMB investiu no serviço pós-venda: quem comprasse a Montana teria garantia total de fábrica de um ano, sem nenhum limite de quilometragem. Para o motor e para o câmbio, a garantia era de três anos. Essa oferta de garantia estendida era exclusiva da picape, provando que a empresa estava preparada para agitar o mercado das picapes pequenas.

A bela traseira da Montana.

122 PICAPES CHEVROLET

A moderna segunda geração da Montana, lançada em 2010.

Em 2007, a Montana ganha um derivado, o furgão fechado denominado Montana Combo. O baú de fibra de vidro fornecia grande capacidade de carga nessa versão, um veículo ideal para transporte de carga.

A partir de 2008 foi oferecida a opção do motor Powertech 1.4 Econoflex. Originalmente desenvolvido para o Chevrolet Prisma, o motor apresentava potência de 105 cv a 6.000 rpm quando abastecido com álcool e 99 cv a 6.000 rpm com gasolina.

A segunda geração da picape Montana foi apresentada em outubro de 2010, construída com base na robusta plataforma do Corsa Classic, mas com forte inspiração no Chevrolet Agile, usando o painel e a frente do modelo. A caçamba com o step side e a cabine estendida foram mantidas. A capacidade de carga era de 758 kg. Mesmo usando a mesma parte dianteira da carroceria que o Agile, o para-choque da picape era mais anguloso. Já o interior era idêntico nos dois carros, com o mesmo painel, bancos e nível de acabamento.

As versões oferecidas passaram a ser a LS, versão de entrada, e a Sport, mais luxuosa e equipada.

A lista de equipamentos oferecida a partir de então (essencialmente a mesma até hoje) era extensa e completa. A versão LS oferece de série conta-giros, protetor de cárter, revestimento de caçamba, vidros verdes, aquecimento e banco do motorista com ajuste de altura, e como opcionais ar-condicionado, direção hidráulica, regulagem de altura do volante, vidro traseiro com porção central deslizante, computador de bordo, alarme com acionamento a distância, controle elétrico de vidros e travas, air bags e freios ABS e com distribuição eletrônica de frenagem (EBD). Os equipamentos de série adicionais da versão Sport eram barras de teto, maçanetas e retrovisores na cor da carroceria, rodas de alumínio, faróis com acendimento automático, faróis e lanterna traseira de neblina, controlador de velocidade e sistema de som com rádio AM/FM, CD e MP3 Player, entrada USB e sincronização por Bluetooth. Moderna e com vários equipamentos adicionais possíveis, a Montana até o momento continua na sua segunda geração, sendo incerto quando ocorrerá uma nova reformulação da Chevrolet na categoria.

Capítulo 8

A PICAPE MÉDIA

S10

SUCESSO AMERICANO EM SOLO BRASILEIRO

Introduzida no Brasil em 1995, a Chevrolet S10 inaugurou o segmento das picapes médias no país, consolidando uma categoria de veículo útil para o trabalho e também ágil e econômico para a cidade ou o lazer. O veículo foi tão bem recebido que bateu recorde de tempo liderando os emplacamentos da categoria.

Apesar do sucesso nacional, sua história começou nos Estados Unidos, em 1982, com a apresentação da primeira geração da S10, o primeiro modelo de picape compacta da Chevrolet, equipada inicialmente apenas com motor de 2.200 cm^3 (fruto da parceria com a fabricante japonesa Isuzu) e câmbio mecânico de cinco velocidades. O motor V6 com 125 cv e o câmbio automático, preferência dos compradores norte-americanos, foram lançados em 1986.

Em 1991, foi apresentada, nos Estados Unidos, uma versão esportiva de alto desempenho com nome de Syclone (sob a marca GMC, não Chevrolet). Era equipada com motor 4.3 V6

Antes de ser lançada, a S10 passou por rigorosos testes.

A S10 agradou por suas linhas modernas e aerodinâmicas. Na foto, o modelo De Luxe.

A segunda geração da S10 americana, da qual a versão nacional derivou, foi apresentada no ano de 1994, com linhas mais leves e arredondadas, e com duas opções de motores: quatro-cilindros com 2.200 cm^3 e o V6 com 4.300 cm^3.

A General Motors do Brasil realizou investimentos próximos a 200 milhões de dólares para o desenvolvimento e fabricação do modelo, com algumas diferenças e modificações em relação à versão americana, tudo para adaptar a picape às condições do país e ao gosto do comprador brasileiro. Esse projeto de desenvolvimento consumiu dois anos de trabalho.

A principal diferença entre o modelo nacional e o americano estava na grade dianteira (que era cromada na americana) e nas laterais. Pode-se dizer que as linhas mais limpas e harmoniosas do modelo nacional faziam dele o mais bonito. Os faróis eram

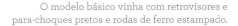

O modelo básico vinha com retrovisores e para-choques pretos e rodas de ferro estampado.

Vortec, mas com preparação que elevava a potência para incríveis 280 cv. Era capaz de ir de 0 a 100 km/h em menos de 5 s, marca obtida geralmente só por verdadeiros esportivos. Diferenciada e com acabamento especial, era a picape mais veloz dos Estados Unidos. Algumas unidades foram importadas para o Brasil, mas apenas de forma independente (ou seja, sem o envolvimento da General Motors). Apenas 2.503 foram feitas.

trapezoidais e a grade era menor, contando com o logotipo da Chevrolet no centro. Além disso, a área frontal ganhou forma de cunha, melhorando a aerodinâmica e reduzindo o nível de ruído provocado pelo vento, e os para-lamas traseiros ganharam formato abaulado, adequando-se melhor à aparência arredondada do veículo.

A Chevrolet S10 brasileira foi apresentada em março de 1995 como a primeira picape média nacional – antes dela, todos os modelos médios que rodavam por nossas ruas e estradas (como Peugeot GRD, Mitsubishi L 200 e Nissan King Cab) eram importados. A Ford também apresentou alguns meses depois a sua picape média: a Ford Ranger.

NEM GRANDE NEM PEQUENA

Para compreender a demanda por modelos médios suprida pela nova picape Chevrolet, é importante observar os modelos disponíveis no Brasil até então: podia-se escolher entre as picapes grandes da Ford (F-100 e F-1000) e da própria Chevrolet (a série 20) ou picapes urbanas derivadas de automóveis de passageiros, como a Volkswagen Saveiro (derivada do Gol), a Ford Pampa (derivada da linha Corcel II), a Fiat Fiorino (derivada do Uno) e a picape Corsa da própria Chevrolet (da qual falaremos no capítulo 8). As picapes grandes eram boas para o trabalho, mas não eram ágeis no trânsito e, apesar de constantes melhoras, ainda não ofereciam tanto conforto, pois a suspensão não era feita para passeio. Já as pequenas eram ágeis e confortáveis no trânsito urbano, mas fracas para o trabalho, visto que eram

Apesar do seu tamanho médio, a S10 podia carregar até 750 kg de carga. Na foto, o modelo De Luxe com rodas de alumínio.

essencialmente "carros com caçamba" e não possuíam muita capacidade de carga.

As dimensões externas da S10 eram indicativas de sua natureza intermediária. Com 4,78 m de comprimento e 1,69 m de largura, ocupava o mesmo espaço de um carro médio-grande, o que era conveniente para manobras de estacionamento. A altura de 1,65 m, por sua vez, não prejudicava o acesso a garagens subterrâneas. Essas características, contudo, não sacrificavam a valentia do veículo, que tinha bom

O interior da S10 tinha o mesmo luxo e conforto de um automóvel de passeio.

espaço na caçamba (1.130 litros) e boa capacidade de carga (750 kg) devido à sua construção sobre chassis com longarinas. Outra novidade era a tampa traseira removível, que facilitava a carga e descarga.

A S10 foi lançada inicialmente apenas em duas versões de acabamento: Standard e De Luxe, ambas com cabine simples. A versão mais luxuosa vinha com diversos itens a mais: conta-giros, volante ajustável em altura, luzes de leitura, molduras laterais na carroceria, porta-copos integrado ao banco, vidros e travas elétricos, rádio AM/FM com toca-fitas (na Standard, havia apenas o rádio AM/FM, que era era opcional), revestimento do assoalho de carpete, revestimento do banco de tecido (vinil na Standard), terceira luz de freio, vidro traseiro

corrediço, vidros verdes e, por fim, grade do radiador, espelhos e para-choques na cor da carroceria.

Havia ainda como opcionais para as duas versões: ar-condicionado, pintura metálica ou perolizada, cobertura da caçamba e caixa de transporte na caçamba (para acomodar pequenos objetos com mais segurança).

As rodas de série eram de aço estampado 6J×15 com pneus radiais 205/75, e o modelo De Luxe oferecia como opcional belas rodas de alumínio 7J×15 com pneus radiais 225/75.

O motor da S10 era o "Família Dois", movido a gasolina e derivado do motor Powertech que equipava o luxuoso Chevrolet Ômega. Com quatro cilindros em linha e 2.198 cm³ (mais conhecido como "2.2"), desenvolvia 106 cv de potência a 4.800 rpm e tinha 19,2 mkgf de torque a 2.800 rpm. Outras características eram a injeção eletrônica monoponto AC Rochester EFI e o comando de válvulas no cabeçote (OHC). A produção nacional desse motor, realizada na unidade de São José dos Campos (SP), não só supria as picapes Chevrolet brasileiras

À esquerda: a caçamba vinha com proteção de plástico, que, além de elegante, protegia a pintura contra riscos. Ao centro: o motor 2.2 aliava bom desempenho e economia. À direita: linha de montagem da S10, sempre prezando a qualidade.

como também exportava unidades para países como Coreia do Sul, Austrália, China e Argentina.

Os números de desempenho eram coerentes com a proposta do veículo: atingia até 152 km/h de velocidade máxima e fazia a aceleração de 0 a 100 km/h em 15,5 s. O consumo de combustível também era bastante satisfatório, fazendo em média 10,6 km por litro, o que lhe dava autonomia de 805 km.

O câmbio era o Clark 1905-A, mecânico e de cinco velocidades, sendo a quinta marcha desmultiplicada, funcionando como "overdrive" e privilegiando a economia de combustível. A relação de diferencial era reduzida (4,78:1) para oferecer mais força em condições de carga e um dos itens opcionais era o diferencial autoblocante, que evitava a perda de tração. A direção era hidráulica e fornecia a leveza necessária para manejar um automóvel daquele porte. A suspensão era independente na dianteira e de eixo rígido com molas semielípticas de duplo estágio na traseira; na prática, isso significava que as molas atuavam de formas distintas quando o veículo estivesse vazio ou carregado, proporcionando conforto sem carga e robustez quando carregado.

A preocupação com a segurança regia todo o projeto da S10. Os freios dianteiros eram a disco; já os traseiros eram a tambor e com possibilidade de sistema ABS (que era de série na De Luxe e opcional na Standard), útil para evitar o travamento das rodas, fenômeno comum em picapes quando não há peso na caçamba. Além disso, a picape vinha com barras de proteção nas portas para maior segurança em caso de colisões laterais e com a coluna de direção e do volante fabricada com absorvedores de energia no caso de impactos frontais.

A grande maioria das chapas utilizadas na carroceria, na caçamba e nos para-lamas era galvanizada – ou seja, pré-revestida de zinco –, o que, aliado ao novo processo de pintura, proporcionava excelente proteção contra corrosão, além de conferir alto brilho nas cores (tanto nas sólidas como nas metálicas).

A garantia de fábrica era de dois anos ou 50.000 km percorridos, e o cliente ainda contava com o "Chevrolet Road Service", que oferecia socorro em caso de pane mecânica ou elétrica em todo o território nacional, uma novidade na época que demonstrava respeito ao consumidor e confiança na qualidade e robustez da empresa em seus produtos.

Abaixo: S10 com cabine estendida tem a mesma caçamba da S10 de cabine simples, porém com mais espaço interno. Abaixo, à direita: detalhes da cabine estendida: dois banquinhos escamoteáveis atrás do banco e vidro basculante traseiro.

O estilo moderno da S10 agradou tanto à imprensa especializada como ao consumidor e, em seu primeiro ano de produção, ela vendeu 24.229 unidades e teve participação de 58,3% no mercado de picapes compactas. Ou seja, tornou-se líder de mercado no segmento já no ano de lançamento. Além disso, a S10 foi eleita como a "Picape do Ano" de 1995, em um processo de escolha que contou com a participação de jornalistas especializados de diversos jornais e revistas do Brasil.

VARIAÇÕES E MODERNIZAÇÕES

Outra novidade que a picape média da Chevrolet trouxe ao mercado nacional foram as variações e opções de carroceria. Apenas um ano após o seu

lançamento, em março de 1996, foi apresentada a versão da S10 com cabine estendida, obtida a partir de um alongamento da cabine em 37 cm e entre-eixo aumentado, deixando-a mais ampla e oferecendo um bom espaço atrás dos bancos para transportar objetos que pudessem molhar ou estragar na caçamba ou até dois passageiros, acomodados nos dois banquinhos laterais embutidos, dobráveis e escamoteáveis (o uso desses bancos era recomendado apenas para trajetos curtos ou passageiros pequenos).

Na mesma época, foi lançado o SUV Blazer, o primeiro modelo desse tipo fabricado no Brasil. Um tipo de veículo bastante difundido nos Estados Unidos, o SUV era uma opção de veículo familiar com espaço, conforto e a mesma robustez de uma picape.

Equipada com o mesmo motor 2.2 da S10, a Blazer estava disponível nas versões Standard e DLX. Sua montagem acontecia na mesma linha da S10, na fábrica de São José dos Campos. Para manter o ritmo da produção, novos robôs foram adquiridos pela GMB para atuarem na montagem da parte traseira do novo veículo – o número subiu de 61 para 65.

Após o sucesso da Blazer, a empresa apresentou outra novidade, agora na parte mecânica, com o motor S10 Diesel Turbo para toda a linha. Seu grande diferencial era a utilização do motor HST (High Speed Turbo), de última geração,

A Blazer foi mais uma variação da S10, e foi muito bem-aceita no mercado. Na foto, o modelo DLX com novo motor Diesel Turbo, devidamente identificado com um emblema na tampa traseira.

A partir do segundo semestre de 1996, o poderoso Vortec V6 passou a ser um objeto de desejo para o consumidor.

nível de ruído do que os seus concorrentes, todos importados, como o Hilux, da Toyota, e o Mazda B2200, ambos com motor diesel aspirado.

Com motor a diesel, a S10 tinha velocidade máxima de 150 km/h e acelerava de 0 a 100 km/h em 16 s. Seu ponto forte, como a maioria dos veículos a diesel, era a economia, fazendo 16 km/litro a velocidade constante de 80 km/h.

com tecnologia desenvolvida pela indústria inglesa Rover, uma das principais fabricantes de motores a diesel no mundo. No Brasil, o motor era produzido pela Maxion em São Bernardo do Campo (SP).

Esse motor de 2.500 cm^3 apresentava a potência de 95 cv a 3.800 rpm, elevando a capacidade do veículo para 1 tonelada (capacidade de carga que, pela legislação brasileira, era necessária para que se autorizasse o uso de motor a diesel). A principal vantagem era que o modelo apresentava menor

Em 1997, a GMB passou a oferecer a tração 4×4 para toda a linha, cujos comandos eram elétricos, realizados por meio de teclas no painel.

A tração 4×4 aumentou o leque de opções da linha S10, agradando o consumidor mais aventureiro.

Em setembro de 1996, foi apresentada mais uma variação de carroceria da S10: a cabine dupla com quatro portas. Exclusivo do Brasil, o modelo possuía duas fileiras de bancos, podendo levar até cinco passageiros com conforto e ainda oferecer caçamba com boa capacidade de carga, atendendo assim os compradores que necessitavam de uma picape, mas precisavam levar mais passageiros – seja para o trabalho, seja para ir com a família para o sítio no final de semana.

As dimensões do modelo coincidiam com as da S10 de cabine estendida: 5,165 m de comprimento, 1,69 m de largura, 1,521 m de altura e 3,122 m de distância entre-eixos. A cabine era maior (45 cm a mais que a cabine estendida) e a caçamba era menor. Inicialmente, a cabine dupla era oferecida com o motor 2.2 a gasolina ou o Diesel Turbo.

No conjunto mecânico, a principal novidade oferecida a partir do segundo semestre de 1996 foi o motor V6 Vortec L35 de 4.300 cm^3, importado completo dos Estados Unidos. Com potência de 180 cv, ele atendia à demanda dos motoristas que queriam mais desempenho e antes recorriam a modelos importados. Esse moderno propulsor era derivado do V8 small block Chevrolet, com válvulas no cabeçote (OHV), alimentação por injeção eletrônica sequencial centralizada (SCPI) e cárter feito de alumínio para reduzir o peso.

O primeiro veículo a ganhar esse motor foi a Blazer DLX, que apresentava um desempenho muito superior, acelerando de 0 a 100 km/h em cerca de 12 s e com velocidade máxima de 180 km/h, limitada eletronicamente por questões de segurança. O consumo de combustível era maior, com média de 8 km/litro. Dois meses depois, o Vortec V6 também estava disponível para a S10 de cabine estendida (apenas na versão De Luxe), e a GMB prometia equipar a cabine dupla com o potente motor em breve.

A estratégia da GMB de oferecer três variações de carroceria e três de motores fez com que a S10 estivesse presente em todos os nichos de mercado possíveis para a categoria, atingindo maior número de compradores.

Em 1997, a linha ganhou uma versão mais sofisticada, com melhor acabamento e itens exclusivos: a Executive, que tinha no seu exterior rodas de liga leve com detalhes em dourado, faixas decorativas e lanternas traseiras fumê. O interior do veículo era igualmente luxuoso, com bancos de couro (sendo que o do motorista também tinha ajuste elétrico) e console com moldura imitando madeira. Essa versão era sempre equipada com o motor V6 de 4.300 cm^3. No mesmo ano, os modelos passaram a utilizar cinco parafusos de fixação em cada roda (anteriormente eram seis).

Outra novidade apresentada pela GMB em 1997 e comemorada pelos consumidores prontamente

Acima: a S10 cabine dupla, lançada em setembro de 1996. Abaixo: Série Champ 98, comemorando a Copa do Mundo de Futebol de 1998.

foi a versão com tração nas quatro rodas (4×4) para toda a linha, facilitando muito a vida das pessoas que utilizavam a picape em estradas de terra ou em condições de "fora de estrada" – naquela época, esse recurso era disponível apenas em picapes médias importadas. A tração integral podia ser acionada a até 80 km/h, mas a reduzida era ativada apenas com veículo parado; as trações eram selecionadas por um único botão eletrônico localizado no painel, com três posições: 4×2, 4×4 e 4×4 reduzida.

No ano de 1998 uma importante inovação foi a nova injeção de combustível multiponto sequencial, identificada pela sigla MPFI (Multi Point Fuel Injection) em substituição à EFI em todas as versões equipadas com motor 2.2, proporcionando melhor queima de combustível e ainda melhor desempenho e economia. Também naquele ano foi produzida a série especial comemorativa S10 Champ 98 (referência à Copa do Mundo de Futebol, realizada na França), sempre oferecida nas exclusivas cores azul Riviera ou Verde West, com cabine simples e equipada com motor 4.3 V6 a gasolina. Era bem completa, equipada com ar-condicionado, direção hidráulica e controle elétrico dos vidros, travas e retrovisores. Externamente, o automóvel era diferenciado com os logotipos Champ 98 e o símbolo da Copa do Mundo. Além da S10, o Corsa Wind e a picape Corsa também fizeram parte da série Champ 98.

NOVO VISUAL

A primeira alteração de estilo na S10 ocorreu na linha 1999. A mudança foi principalmente no visual da dianteira, agora com grade maior e tomada de ar no para-choque formando uma "boca de tubarão", como foi apelidada. Novas rodas de alumínio, faróis de neblina, lanternas de cor fumê e luzes de direção com lente incolor completavam a modernização no estilo. A segurança não foi esquecida e os novos modelos poderiam ser equipados com air bag para o motorista, e, para os modelos DLX (que substituiu o De Luxe, ganhando um novo emblema) e Executive, passou a ser oferecido como opcional o sistema de freio ABS.

Apesar do grande sucesso da picape S10 no mercado desde o seu lançamento, a Chevrolet decidiu simplificar as opções da linha, deixando de fabricar o modelo de cabine estendida no final do ano. As opções de motorização continuaram as mesmas: duas versões a gasolina com sistema de injeção de combustível MPFI (multiponto) – uma de quatro cilindros em linha, 2.200 cm^3 e 113 cv de potência, outra com seis cilindros em V, 4.300 cm^3 e 180 cv –, e uma versão a diesel turboalimentada, de 2.500 cm^3 e 95 cv de potência.

No ano 2000, contudo, foi apresentado um novo motor turbo diesel: o MWM Sprint de 2.800 cm^3, com três válvulas por cilindro, 132 cv de potência e 34 kgfm de torque, melhorando muito o desempenho da versão a diesel, aproximando-a da versão a gasolina V6. O novo motor estava disponível para todas as picapes S10 e também para a Blazer DLX.

O desempenho em relação ao antigo motor a diesel era significativo: a velocidade máxima subiu de 155 km/h para 171 km/h e a aceleração de 0 a 100 km/h baixou de 15,7 s para apenas 11,5 s. Na prática, o que fazia qualquer usuário sentir de imediato a diferença era o ganho de força para retomadas, ultrapassagens e subidas. Outra

À esquerda: em 1999, a linha S10 teve sua primeira mudança, apelidada de "boca de tubarão" devido ao novo desenho na entrada de ar inferior do para-choque dianteiro. À direita: o luxuoso interior da S10 Executive, com bancos de couro.

vantagem do motor era o menor índice de poluição, já atendendo aos limites em vigor no país a partir daquele ano.

Ainda em 1999, houve uma melhoria mecânica: a apresentação da transmissão automática para a S10 Executive de cabine dupla e motor V6, que foi a primeira picape nacional com esse recurso. Outra novidade exclusiva do modelo, que incorporava recursos tecnológicos de última geração, era a inclusão do controlador de velocidade, dispositivo que aumentava o conforto e o prazer de dirigir e era encontrado somente nos automóveis de passeio mais completos. Outra melhoria para toda a linha foi a nova suspensão traseira com molas parabólicas em vez de semielípticas, tornando o veículo ainda mais confortável.

Outra série especial oferecida, a S10 Barretos, de cabine simples e motor 2.200 cm^3, era uma homenagem à cidade famosa por sua festa do peão de boiadeiro. Por ser uma edição especial, é especialmente difícil encontrar algum exemplar desse modelo com suas características originais.

No ano seguinte, a evolução e modernização das picapes médias continuou, e no Salão do Automóvel realizado em outubro de 2000, na cidade de São Paulo, foi apresentada a linha 2001 com mais novidades: o motor de 2.200 cm^3 e 113 cv teve sua cilindrada aumentada para 2.400 cm^3, passando a render 128 cv de potência e torque de 21,9 mkgf e dando mais fôlego aos modelos mais básicos, equipados com essa motorização.

Aconteceu também mais uma reestilização nos modelos, vincos mais definidos nos painéis laterais, novas rodas, grade dianteira maior, linhas laterais mais retas, lanternas traseiras redesenhadas e nova frente, contendo faróis trapezoidais com os piscas logo abaixo, fazendo parte do conjunto.

À esquerda e ao centro: a Executive V6 de cabine dupla era o modelo mais caro da linha 1999 e vinha com detalhes dourados nas rodas. Era a única picape do mercado equipada com transmissão automática.
À direita: a S10 Barretos.

Essa versão foi desenhada no Brasil e é exclusiva dos nossos modelos; não existem similares nos Estados Unidos.

O novo painel foi redesenhado e feito de plástico injetado, o que oferecia maior segurança em caso de impacto frontal. Os instrumentos ganharam linhas arredondadas e ficaram mais visíveis. Todas as versões ofereciam relógio digital integrado com mostrador de cristal líquido.

Os novos tecidos que revestiam os bancos e forros de porta ficaram mais sofisticados e passaram a ser iguais nas versões Standard e DLX (na versão Executive continuavam de couro). O assoalho dianteiro ficou totalmente plano, beneficiando principalmente o passageiro.

Outras novidades em 2001 eram em relação à segurança: todas as novas versões traziam alarme ultrassônico (que detectava a invasão do interior do veículo) e imobilizador de funcionamento de segunda geração – o mesmo disponível no Chevrolet Astra –, com código criptografado que não podia ser reproduzido clandestinamente. Além disso, todas as versões tinham como opcional o air bag duplo.

Assim como a Silverado e a picape Corsa, a S10 ganhou em 2001 uma versão limitada (atualmente muito rara) chamada série Rodeio. A S10 Rodeio vinha com novo motor de 2.400 cm^3 e cabine simples, identificada com faixas douradas e o desenho

Interior da S10 modelo 2001.

Acima: linha S10 2001: nova frente, linhas mais retas e vincos mais definidos. As rodas também foram redesenhadas.
À direita: série especial Rodeio de 2001; à frente, a Silverado; no meio, a picape Corsa; ao fundo, a S10.

estilizado de um cavalo participando de uma prova de rodeio nas laterais.

Na linha 2002, a versão Executive ganhou tração 4×4 e motor a diesel MWM. Os bancos de couro e o ajuste elétrico passaram a ser oferecidos também na versão DLX. O motor V6 teve aumentada sua potência para 192 cv.

Na parte mecânica, o amortecedor transversal traseiro, antes usado exclusivamente na Blazer, passou a equipar toda a linha S10, com o objetivo de melhorar a dirigibilidade e o conforto. Além disso, a linha 2002 das picapes S10 teve algumas novidades incorporadas, inclusive para as versões mais básicas, como o ar-condicionado, tacômetro, coluna de direção regulável e luz de advertência para dreno de água do combustível (para as versões a diesel).

Surgiu, no mesmo ano, mais uma interessante série comemorativa: a S10 Sertões, nas versões de cabine simples ou dupla, ambas equipadas com motor 2.8 Turbo Diesel e tração nas quatro rodas (4×4). A picape especial comemorava a conquista do bicampeonato da S10 no Rally Internacional dos Sertões, obtido nos dois anos anteriores pelo Chevrolet Rally Team. O modelo tinha ar-condicionado; vidros, espelhos retrovisores e travas elétricas; alarme antifurto e sistema de imobilização do motor. Também era equipada com faróis de neblina e rodas de alumínio 7x15 com pneus 235/75, mais largos. Externamente, havia a grade de proteção cromada no vidro traseiro, estribos laterais tubulares também cromados, além de faixas e emblemas especiais com alusão ao tema "Sertões".

Em 2003 houve apenas alguns retoques no visual; na frente se destacava a luz indicadora de direção (pisca), que passou a ter lente em cristal. Novas rodas de alumínio com aro de 16 polegadas e pneus mais largos 235/70 foram incorporados como itens de série em todas as versões da Blazer e na versão DLX da S10, e opcionais nas demais versões da picape.

A versão cabine dupla ganhou novos bancos traseiros com estruturas melhoradas, ficando com formas mais anatômicas, e ganhando espumas de maior densidade. Em toda a linha, o painel ganhou nova grafia, agora com relógio digital integrado e hodômetro parcial.

A versão Executive (S10 e Blazer) ganhou novas faixas laterais, agora oferecendo uma nova cor prata escuna com detalhes em marfim. As novas rodas de alumínio tinham acabamento exclusivo. Internamente, ganhou novo padrão de revestimento de couro dos bancos e painéis da porta.

A linha 2005 foi apresentada em setembro do ano anterior, com novos nomes e pequenos retoques. As novas nomenclaturas para a linha foram S10 Advantage para as versões básicas, S10 Colina para as versões intermediárias, S10 Tornado para as versões de luxo (antiga série DLX) e S10 Executive para as versões mais completas da linha (como já era havia algum tempo). As combinações de motores e trações oferecidas eram o 2.4 a gasolina e tração 4×2 e o 2.8 Turbo Diesel com tração 4×2 ou 4×4. A versão Executive estava disponível com os mesmos motores, já que o potente Vortec V6 saiu de linha, deixando muita saudade.

No final do ano, algumas mudanças estéticas ocorreram, como era habitual, na grade dianteira, agora com uma abertura maior e em formato de cruz, adicionando-se também uma tela interna para proteger o radiador. Na traseira, mudou-se apenas a logomarca Chevrolet, escrita em uma fonte diferente, inserida numa faixa cinza, como era na S10 americana.

A linha 2003 ganhou piscas com lente de cristal e novas rodas de alumínio.

Nova traseira da S10 2005, com o grande letreiro "Chevrolet" em fundo cinza.

Na linha 2005, a S10 ganhou novas nomenclaturas: Advantage, Colina e Tornado. A Executive manteve seu nome. Na frente, houve mudança na grade.

Nesse mesmo ano, a GMB apresentou mais uma vez a série especial S10 Sertões (limitada a 1.000 unidades), com cabine dupla, motor Turbo Diesel, tração 4×4 reduzida e acabamento diferenciado. Ela saía de fábrica com faróis de neblina, rodas de alumínio com desenho diferenciado e pneus tipo "lameiro". Outra novidade eram os amortecedores de alta *performance* fabricados pela Bilstein, o mesmo utilizado pela S10 do Chevrolet Rally Team (time oficial da Chevrolet de disputava ralis por todo o Brasil e acumulava muitas vitórias).

MOTOR FLEX

Seguindo a tendência do mercado nacional após o desenvolvimento e difusão da tecnologia bicombustível – que permite a um veículo o abastecimento com gasolina e/ou etanol em qualquer proporção –, a Chevrolet ofereceu para a linha 2007 o motor 2.4 FlexPower, com 141 cv quando abastecido com gasolina e 147 cv ao utilizar etanol – atingindo 5.200 rpm o torque era de 21,9 mkgf em ambos os casos. Esse motor teve a taxa de compressão aumentada de 9,6:1 para 11,5:1, utilizava coletor de admissão feito de plástico para otimizar o fluxo de ar e ainda tinha sistema de partida a frio com injeção numa linha específica (chamada Cold Start Rail), para partidas em condições com temperaturas abaixo de 18 °C. Com isso, o desempenho melhorou e a velocidade máxima teve de ser limitada eletronicamente a 150 km/h por motivo de segurança. As marcas de aceleração de 0 a 100 km/h foram para 11 s quando abastecido com etanol e 12 s com gasolina. As médias de consumo eram de 7,2 km/litro para o etanol e 9,2 km/litro para a gasolina. Com esse desempenho e versatilidade, as vendas da versão flex (como ficaram conhecidos os motores bicombustíveis) aumentaram em relação ao modelo a diesel.

Em janeiro de 2008, saiu da linha de montagem da fábrica de São José dos Campos o veículo de número 500.000 da série S10/Blazer: era uma S10 Advantage 2.4 FlexPower Cabine Dupla. O fato

A linha 2009 ganhou novo para-choque, grade, capô e para-lamas, agora com visual mais moderno. Na foto, a cabine Dupla Executive.

foi muito comemorado pela empresa, já que era um número expressivo, mesmo para uma verdadeira campeã de vendas.

A apresentação da linha 2009 surpreendeu a todos novamente com mais uma atualização estética, na qual a frente da picape passou a seguir o padrão de identidade dos demais modelos Chevrolet, com a gravata dourada da marca no meio do friso central. A moldura era da cor da carroceria e havia uma barra mais larga na parte superior, da cor do veículo ou cromada, conforme a versão. Outra novidade foi uma grande tomada de ar sobre o capô.

A traseira da picape recebeu a aplicação de um painel plástico de cor preta, a inscrição Chevrolet não era mais acompanhada de uma faixa cinza e as lanternas ganharam novas lentes, criando nova identidade visual. Além disso, houve mudanças no capô, para-lamas dianteiros e tampa traseira; adicionou-se um bagageiro no teto para algumas versões e o para-choque dianteiro passou a ter o centro de plástico preto, deixando a picape com visual mais robusto e valente. No interior, os mostradores do painel tinham fundo azul e os bancos, novos tecidos. Graças às mudanças ao longo do tempo, a S10 manteve-se líder de mercado por vários anos consecutivos, demonstrando que as atualizações feitas (e as versões oferecidas) eram as corretas segundo as tendências do mercado.

Resgatando ideias das séries limitadas Barretos (2001) e Rodeio (2005), foi apresentada em 2010, já como modelo 2011, a nova S10 Rodeio, agora como modelo da linha e não mais série especial. A nova picape era oferecida apenas na configuração de cabine dupla e com dois tipos de motores: 2.4 Flex (tração 4×2, só nas rodas traseiras) e diesel (que oferecia modelos com tração 4×2 ou 4×4), e entrou no mercado para substituir a versão intermediária, a Tornado.

À esquerda: a S10 Rodeio agora era um modelo de linha e tinha faixas laterais que imitavam lama espirrada na lataria. À direita: o painel da S10 Rodeio.

Externamente, a Rodeio ganhou faixas decorativas laterais, que simulavam lama espirrada pelos pneus, e o nome da versão em letras vazadas nas portas dianteiras. Outros itens exclusivos eram as rodas pintadas na cor grafite, estribo lateral, rack no teto (semelhante à versão Executive), adesivo na tampa traseira com o nome da versão, lanterna traseira de tom fumê e faróis com moldura escurecedora.

A nova picape era completa e tinha como itens de série ar-condicionado, direção hidráulica, coluna de direção regulável em altura, controlador de velocidade, vidro traseiro corrediço e controle elétrico de vidros, travas das portas e espelhos retrovisores. Os acessórios oferecidos também eram interessantes: GPS, cabide para paletó, geladeira interna, sensor de estacionamento e rádio com leitor de CD e de MP3.

Apesar do novo *status* de modelo na linha, a Rodeio só foi fabricada até março de 2012, quando a Chevrolet revelou novos planos para os veículos da série S10.

TOTALMENTE NOVA

No começo da década de 2010, apesar do constante sucesso da série da GMB, modelos concorrentes como Mitsubishi Triton e Toyota Hilux começavam a ficar à frente em termos de modernização. Outras marcas, como Nissan e Ford, já se mostravam dispostas a atualizar seus modelos de acordo com as novas tendências, forçando a Chevrolet a planejar cuidadosamente o futuro da sua linha de picapes médias.

Foi nesse contexto que, em 2012, a S10 ganha as mudanças mais radicais até então: carroceria toda nova, faróis maiores e mais trabalhados e grade dividida por uma barra da cor do carro (na identidade visual da GM), dando um aspecto bem mais moderno ao veículo.

Baseada na picape Colorado (o mesmo nome dado à S10 nos Estados Unidos), a nova geração da S10 brasileira chegou ao mercado em diversas versões: com cabine simples ou dupla, motor a diesel ou flex (gasolina e etanol), câmbio manual ou automático, tração traseira ou 4×4, além dos níveis de acabamento, agora identificados pelas siglas LS, LT e LTZ (padrão globalizado da marca).

A S10 cresceu em tamanho (foi para 5,35 m de comprimento), e seu desenho ficou mais arredondado e moderno. A identidade visual da marca Chevrolet na dianteira – com barra central da cor da carroceria e gravata dourada no meio – era mais moderna e similar à dos demais modelos da marca. Os faróis ficaram maiores e mais alongados; o capô, mais alto e liso. A traseira perdeu a inscrição "Chevrolet", ficando apenas a gravata dourada ao centro; a tampa ganhou um vinco em forma de V na parte superior, onde se encontrava a maçaneta.

A caçamba do veículo cresceu – o volume, que era de 1.127 litros na cabine simples, passou para 1.570 litros, e na versão cabine dupla ele foi de 850 litros para 1.061 litros. Na prática, a caçamba da nova S10 de cabine dupla tinha praticamente o mesmo volume da cabine simples da anterior. Uma diferença nova entre as duas versões foi a inclusão de encaixe para capota de lona na caçamba da cabine simples, por se tratar de um modelo destinado ao trabalho.

O interior – agora maior devido à nova distância entre-eixos (3,10 m) – foi inteiramente remodelado, e cada vez mais remetia a um carro de passeio. O painel ganhou desenho arredondado com saídas de ar verticais, o quadro de instrumentos era inspirado no esportivo Camaro e o acabamento interno ficou mais sofisticado.

Os motores da nova S10 eram o mesmo 2.4 Flex do modelo antigo e um novo 2.8 Turbo Diesel Duramax, chamado de CTDi. Fabricado pela MWM, esse novo motor vinha com duas importantes inovações: duplo comando das válvulas e turbocompressor de geometria variável. Com isso, obteve-se 180 cv de potência e 47,9 mkgf de torque. A tração 4×4 tem seletor eletrônico giratório no painel. O câmbio manual continuava com cinco marchas e o câmbio automático era de seis velocidades.

Na página seguinte, a S10 2012: cresceu em tamanho e mudou em estilo, com nova grade e faróis mais compridos e um novo e moderno interior.

A PICAPE MÉDIA **147**

Nova Trailblazer, moderna e com sete lugares.

Em 2013, com mais algumas melhorias técnicas, o motor 2.8 litros turbodiesel passou a ter 200 cv de potência e o câmbio manual também passou a ter seis marchas.

Equipamentos de alta tecnologia passaram a ser oferecidos: ar-condicionado eletrônico, retrovisores externos rebatíveis eletricamente, volante multifuncional, controles eletrônicos de estabilidade e tração, lanternas traseiras em LED, bancos elétricos e controlador de velocidade. O sistema multimídia MyLink (marca registrada da Chevrolet), com GPS e câmera de ré, era oferecido como opcional, mais tarde se tornando de série para a linha 2014.

Assim como a picape, um sucessor do SUV Blazer foi também foi lançado em 2014, com a mesma plataforma e o visual frontal da nova S10; seu nome ganhou um prefixo "Trail", passando a se chamar Trailblazer. As lanternas traseiras eram horizontais, com prolongamento na tampa traseira.

O novo crossover tinha interior mais sofisticado e oferecia sete lugares, com mais dois bancos na terceira fileira e muito mais espaço interno (o porta-malas com os sete lugares montados tinha 205 litros de capacidade; com cinco passageiros, o volume disponível subia para 878 litros). Com visual atualizado e inúmeras qualidades, a Trailblazer se equiparava às suas principais concorrentes, a Toyota Hilux SW4 e a Mitsubishi Pajero.

Para o modelo SUV fabricado em São José dos Campos (mesma fábrica para o restante da linha), além do motor Turbo Diesel 2.8 da picape, oferecia-se uma versão a gasolina 3.6 VVT, o mesmo usado no Chevrolet Captiva, com potência de 239 cv. A tração era 4×4 e o câmbio, o mesmo automático de seis velocidades da S10.

Nos últimos anos, a picape da Chevrolet ganhou mais uma opção de motorização bicombustível: o 2.5 Ecotec com injeção direta de combustível e 206 cv. Também recebeu um novo ajuste na suspensão e melhorias de acabamento e isolamento acústico.

Em 2016, as versões Advantage, Freeride, Chassis Cab e a luxuosa High Country foram somadas às já estabelecidas LS, LT e LTZ, ampliando ainda mais as opções de acabamento.

Com fôlego de uma jovem, a S10 apresenta novidades para a linha 2017/2018. O motor Turbo Diesel com transmissão automática passou a vir equipado com uma tecnologia inovadora, o CPA (Centrifugal Pendulum Absorber), que na prática faz da S10 um veículo mais silencioso e ainda mais econômico (até 10,8 km por litro na estrada). Ele também favorece o desempenho, já que o motor atende prontamente o comando do motorista, com melhor aceleração e retomada de velocidade.

A S10 é a única representante no mercado brasileiro com conectividade total, com notificação automática em caso de acidente. Sensores registram se um automóvel à frente reduz a velocidade de repente e um alerta sonoro é transmitido pelos autofalantes da picape. Juntamente com os alertas de desvio de faixa, essas características formam um dos pacotes de segurança mais completos da categoria.

O conforto também é uma preocupação. Os novos modelos são disponibilizados com controle eletrônico de tração e assistentes de partida em rampas e de descida. O primeiro impede que o veículo recue em saídas íngremes e o segundo controla a velocidade em descidas íngremes, freando o veículo automaticamente, sem a intervenção do motorista.

Outra novidade é a S10 Flex, equipada com transmissão automática de seis velocidades, que aumenta o conforto dos modelos mais simples.

Atualmente, há duas opções de carroceria, duas de motorização (2.5 Flex com injeção direta e 2.8 turbodiesel), duas de transmissão (MT6 e AT6), e cinco de acabamento (LS, LT, LTZ, Advantage e High Country).

Em maio de 2017, a GMB comemora a fabricação da S10 de número 1 milhão.

S10 PELO MUNDO

A história do casal Amandio Rios Palhares e Joselle Pinheiro da Costa com a S10 tem milhares de quilômetros.

Tudo começou com uma vontade de conhecer o Alasca. O casal viajou durante nove meses pelas Américas do Sul, Central e do Norte, rodando 65.000 quilômetros com o carro adaptado com um *camper* – e contando sempre com a ajuda das pessoas. "Aprendemos que podemos viver de uma forma diferente. Ficamos em casas de várias famílias durante nossa viagem e vimos desconhecidos nos tratarem como parte da família. Isso jamais esqueceremos!"

Durante a viagem, eles passaram por cenários tão distintos como a imensidão do deserto do Peru, a exuberante natureza da Costa Rica, os vulcões ativos da Nicarágua, as ruínas de Tikal na Guatemala, o calor climático e afetivo do México e a riqueza da fauna dos parques estaduais nos Estados Unidos, além da aurora boreal no Canadá.

Agora, o trio aventureiro se encontra na Ásia, por onde já desbravou cerca de 25.000 quilômetros. A S10 continua perfeita, e por isso o plano agora é partir para a Austrália: "Lá vamos reencontrar baixas temperaturas e desertos, mas isso hoje não nos preocupa mais. Afinal, sabemos que nossa S10 tira de letra todas essas dificuldades". Os leitores podem seguir a página no facebook Viajando Nós 4×4 para acompanhar mais aventuras de Amandio e Joselle com sua S10.

Passamos por várias situações diferentes de clima e relevo, mas nossa S10 suportou muito bem todo o percurso e as adversidades. Com ela enfrentamos temperaturas acima de 40 e abaixo de 15 graus negativos. Ela nos levou a 5.000 metros de altitude, rodamos mais de 2.000 quilômetros de estradas de chão, gelo e neve sem sequer ter o pneu furado. Ao final da nossa aventura, sabíamos que tínhamos feito a escolha certa! Ela provou que estava pronta para o mundo.

Amandio e Joselle

SÉRIE COMEMORATIVA
S10 100 YEARS

Em setembro de 2017 as picapes Chevrolet completam cem anos de trajetória mundial, e para comemorar esta importante conquista, a Chevrolet lança no mercado nacional a série especial "S10 100 Years". Os veículos da série já prometem sair de fábrica como um veículo raro, digno de colecionador, pois serão produzidas apenas 450 unidades numeradas.

A picape S10 100 Years virá em cor azul exclusiva e capota marítima, grade frontal exclusiva com a "gravatinha" Chevrolet comemorativa, identificação da versão na carroceria, capô adesivado e caçamba com protetor de plástico. As belas rodas customizadas são aro 18.

BIBLIOGRAFIA

LIVROS

Enciclopédia do Automóvel. São Paulo. Abril Cultural.

GONÇALVES, Vergniaud Calazans. *Automóvel no Brasil 1893-1966*. São Paulo: Editora do Automóvel, 1966.

GENERAL MOTORS DO BRASIL. *70 anos de história*. São Paulo, Prêmio: 1995.

LATINI, Sydney A. *A implantação da indústria automobilística no Brasil*. São Paulo: Ed. Alaúde, 2007.

REVISTAS

Quatro Rodas. São Paulo: Editora Abril.

Autoesporte. São Paulo: FC Editora.

Motor 3. São Paulo: Editora Três.

Panorama (informativo periódico interno da GMB).

Vida na GMB (informativo periódico interno da GMB).

CRÉDITO DAS IMAGENS

Todas as imagens utilizadas neste livro pertencem ao acervo histórico da GMB, exceto:

Arquivo Rogério de Simone: capa, 6, 7, 24, 28, 29 (acima), 30, 31 (abaixo), 32, 33, 34, 35, 36, 37, 38, 46, 51, 63, 64, 65, 98, 99, 117 (à direita), 135, 141 (à direita), 143 (à esquerda)
Douglas Nascimento: 53 (à direita)
Jairo Herrera: 53 (acima e à esquerda)
Luiz Cesar Thomas Fanfa e Nereu Leme: 75, 76-77
Marcelo Braido Dario: 39
Odair Stamboni: 95
Amandio Rios Palhares e Joselle Pinheiro da Costa: 123, 124-125

AGRADECIMENTOS

Os autores gostariam de deixar seus sinceros agradecimentos aos proprietários de picapes que deixaram seu veículo ser fotografado para este livro: Rogério Guerini Utrabo, Émerson Roberto Ribeiro, Andréa Z. Ribeiro, Walter Delfino e Donizetti B. Domingos Pinto.

Também queremos agradecer a Marcelo Braido Dario, Jairo Herrera, Odair Stamboni, Jeronimo Ardito, Sergio Massa e ao casal Amandio Rios Palhares e Joselle Pinheiro da Costa por compatilharem sua história conosco.

A realização desta obra não teria sido possível sem o apoio da General Motors do Brasil, que permitiu a pesquisa em seu acervo histórico. Gostaríamos de agradecer às seguintes pessoas que nos deram todo o apoio: Alcione Viana, Michelle Dao e Fernanda Poloni Blasque.

Compartilhe a sua opinião sobre este livro usando a hashtag **#PicapesChevrolet** nas nossas redes sociais:

 /EditoraAlaude

 /EditoraAlaude

 /AlaudeEditora